万历朝鲜碧蹄馆之战 · 清初三藩之乱 · 平叛战争

战争事典

WAR STORY/

MOOK 045

指文烽火工作室 著

台海出版社

图书在版编目（CIP）数据

战争事典 . 045 / 指文烽火工作室著 . -- 北京：台
海出版社，2018.7
  ISBN 978-7-5168-1970-8

  Ⅰ . ①战… Ⅱ . ①指… Ⅲ . ①战争史－史料－世界
Ⅳ . ① E19

  中国版本图书馆 CIP 数据核字 (2018) 第 136010 号

战争事典 .045，万历朝鲜碧蹄馆之战 · 清初三藩之乱 · 平叛战争

著　　者：指文烽火工作室

责任编辑：俞滟荣　　　　　　　策划制作：指文文化
视觉设计：周　杰　　　　　　　责任印制：蔡　旭

出版发行：台海出版社
地　　址：北京市东城区景山东街 20 号　　　邮政编码：100009
电　　话：010 － 64041652（发行，邮购）
传　　真：010 － 84045799（总编室）
网　　址：www.taimeng.org.cn/thcbs/default.htm
E － mail：thcbs@126.com

经　　销：全国各地新华书店
印　　刷：重庆共创印务有限公司
本书如有破损、缺页、装订错误，请与本社联系调换

开　　本：787mm×1092mm　　　　　1/16
字　　数：216 千　　　　　　　　　印　　张：13
版　　次：2021 年 1 月第 3 版　　　印　　次：2021 年 1 月第 1 次印刷
书　　号：ISBN 978-7-5168-1970-8

定　　价：79.80 元

目 录
CONTENTS

前言
—— PREFACE ——

发生在万历朝鲜战争期间的碧蹄馆之战，是明朝辽东骑兵和日本战国的名将精锐在野外对决的一次激烈会战。此战展现了两国军队的不同战术、军事水准，在东亚战争史上占有一席之地。经此一战后，李如松大受打击，丧失进取之心，一路北退。而作为胜利者的日军，不仅在此战损兵折将严重，战后也无力反攻明军，同样没有进取的动作。作为万历朝鲜战争的一次重要会战，碧蹄馆之战给明、日双方都带来了相当大的重创，是一场没有真正胜利者的会战。关于此战，中、日、朝的史料有重大差异，争议颇多，《碧蹄馆大战——明朝骑兵和日本战国武士的较量》根据多方的一手资料，澄清了各种争议。

清朝初年，由于清朝统治者力量不足以直接控制南方各省，因此分封明朝降将中有功者管理一些南方省份：吴三桂封平西王，镇守云南，兼辖贵州；尚可喜封平南王，镇守广东；耿仲明封靖南王，他死后，儿子耿继茂袭封，镇守福建。三藩为何叛乱，康熙是如何平定此乱的？《清初三藩之乱》一文梳理了三藩之乱的始末。

格鲁拉确是一位具有国际视野的法国平叛理论研究大家。其《平叛战争——理论与实践》时至今日仍是该领域的集大成之作，被彼得雷乌斯（David Howell Petraeus）誉为 20 世纪法国非常重要的军事理论著作。法军上校德蒙特农（Philippe deMontenon）在该书法文版介绍中指出，这本书既是政治条约，又是叙事集，也是条例手册。他对叛乱现象的认识以及他的平叛战争思路对当前平叛理论研究仍有重要影响。

指文烽火工作室
2018 年 6 月

碧蹄馆大战

明朝骑兵和日本战国武士的较量

作者 / 朱尔旦

明朝提督李如松收复被日军占据的朝鲜陪都平壤后，想乘胜收复朝鲜都城王京，结果明军在进兵路上的碧蹄馆被日军重重包围，战败逃走。经此一战后，李如松大受打击，丧失进取之心，一路北退。而作为胜利者的日军，不仅在此战严重损兵折将，战后也无力反攻明军，同样没有进取的动作。作为万历朝鲜战争的一次重要会战，碧蹄馆之战给明、日双方都带来了相当大的重创，是一场没有真正胜利者的会战。

大战前夕

　　公元 1592 年，日本关白丰臣秀吉先后派兵二十万[①]，渡海侵略朝鲜。他的意图是，征服朝鲜后就征服明朝，君临整个东亚世界。

　　日军从朝鲜釜山浦[②]登陆以后，朝鲜各道相继崩溃，日军长驱直入，占领了朝鲜的首都王京（属京畿道）、陪都开城（属京畿道）和平壤（属平安道）。朝鲜国王李昖窘迫至极，逃到了与明朝交界的义州（属平安道），向宗主国明朝乞师求救。万历皇帝不再坐视不管，在同年七月派出了第一批入朝明军，由祖承训等辽东将士率领。但祖承训等人在攻打小西行长第一军团屯驻的平壤城

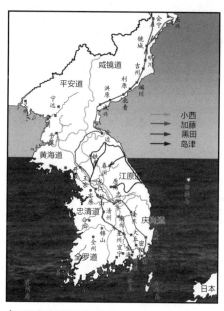

▲ 日军侵略朝鲜的进军路线

---

　　① 一般认为，丰臣秀吉第一次派兵侵略朝鲜的兵力是十三万或十五万人，但是根据《前关白秀吉公御检地帐》《朝鲜征伐记》等书的记载，秀吉前后派出的人加起来应该是二十万。
　　② 釜山浦，位于朝鲜庆尚道南部，是朝鲜最沿海的地带，也是日军登陆朝鲜的地方。

▲ 万历皇帝画像

▲ 小西行长画像

时，遭逢败绩，战死三百余人①，行动宣告失败。直到半年后，明朝才向朝鲜派出第二批援军，由提督李如松率领三万八千五百三十七人②渡过鸭绿江进入朝鲜。

　　1593年1月6日至8日这三天时间，李如松率兵对小西行长驻守的平壤城发起总攻，最终攻克这一座坚城，一雪去年祖承训战败之耻。由于李如松在第二次平壤之战中对日军造成了重大打击，日本史料《松荫灵社记》对他的评价非常高，认为他是大明首屈一指的名将："如松在其国以勇武善战有声，一时推为第一。"此战，小西行长的日军第一军团付出了极大的伤亡，至少战死了一千余人③，不得不放弃平壤城，一路向南逃往朝鲜王京，与王京的日军会合。受小西行长战败的

---

　　①通常的说法是，祖承训三千人几乎全军覆没，只有数十人幸存。但根据朝鲜《宣祖昭敬大王实录》的记载，明军只战死三百人。
　　②有说法认为，明军入朝兵力是四万三千人，但实际上没有那么多，只有三万八千多人。
　　③《梨羽绍幽物语》《吉见家朝鲜阵日记》皆记载小西行长第一军团战死一千余人，明朝史料说焚杀一万余人，属于夸张的说法。

影响，当时在王京以北的平安道、黄海道、京畿道的日军诸大名，全都放弃了自己的驻城，相继逃回了王京，其中包括驻守牛峰城的立花宗茂、驻守白川城的黑田长政、驻守开城的小早川隆景等日本战国名将。从平壤之战引起的日军诸将连锁反应足见所谓"日本战国"的羸弱本质。

王京以北的日军诸大名在陆续逃回王京后，与王京城内的日军诸将会合，一起开了个会，商讨诸军下一步的走向。日军诸大名商讨的议题是，面对明军将大举南下进攻王京的现实威胁，王京城内的日军该何去何从。会议上，一共出现了三种提案，分别是固守王京（日本人称这为"笼城"，即婴城固守）、在王京城外迎击明军、撤退到朝鲜半岛沿岸的釜山浦。权衡一番后，日军诸大名决定采纳第二种方案，也就是在王京城外迎战明军。

1月23日（日本历1月22日），王京日军开始清点、统计城内在阵的各大名部队，有宇喜多秀家、小早川隆景、吉川广家、石田三成、大谷吉继、增田长盛、前野长康、小西行长、宗义智、岛津义弘、大友义统、立花宗茂、高桥统增、小早川秀包、筑紫广门、安国寺惠琼、吉见元政、毛利元康等。这样的阵容，可以说是集中了当时在朝日军的精锐部队，可见日军已经做好了与明军进行大决战的准备。这是《吉见家朝鲜阵日记》提供的名单，但书中说岛津义弘此时也在王京城内，应该是误记。根据史料《岛津国史》《征韩录》，在江原道金化城的岛津义弘由于和立花宗茂的私交关系，向立花宗茂派遣了部将有马重纯进行援助，但他本人并没有动身前往王京。另外，有一个很重要的人物没有被《吉见家朝鲜阵日记》记载在这一天的名单中，那就是奉行众之一的加藤光泰。在文禄之役期间，日军一共有五位朝鲜奉行，分别是石田三成、增田长盛、大谷吉继、前野长康、加藤光泰。之所以会漏记加藤光泰，应当是持强硬主战态度的加藤光泰作为日军侦察队，到王京城外巡逻去了。

1月24日（日本历1月23日），石田三成等奉行众向丰臣秀吉写信，报告日军当前在朝鲜的境况。信中提到了由于平壤败战，王京以北的平安道、黄海道、京畿道日军大名都放弃原驻地，撤退到了王京；又提到王京城内的日军兵粮严重不足，今后要确保后方忠清道、全罗道的谷仓的安全，并且很有必要在朝鲜半岛南岸筑城。这一信件表明，在朝鲜的日军高层已经认识到当前战局的不利。

▲ 万历朝鲜战争绘图

▼ 松都（开城的别称）至王京的路线图

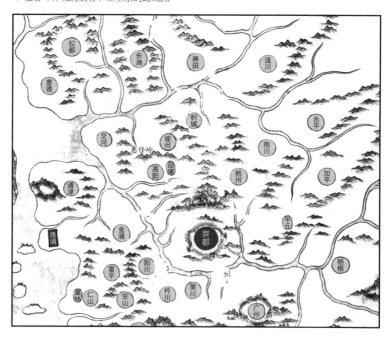

同日，王京城内的日军由于愤恨先前平壤之战失败，以及怀疑城内的朝鲜人内通明军，在王京城内展开屠城。日军此次屠城的对象是男人，没有屠杀女人，因此有部分男人不得已穿起了女装、化装成女人，以求逃过一劫①。屠城后，王京日军因为担心明军会在这一天来袭，便悉数出阵于王京城外，但没有见到明军的踪影。此时，明军提督李如松已经派副总兵查大受率领一支由五百名骑兵组成的侦察队先行南下，前往侦察王京日军的动向。查大受的这支明军侦察部队，目的是前往查探日军虚实，为明军收复朝鲜都城王京做准备。随同查大受一同出发的，还有朝鲜将领高彦伯，应该是给明军带路的。

慕华馆之战

1月25日（日本历1月24日）早上，加藤光泰的侦察队在王京的西大门一带巡逻，结果遭遇了南下侦察的查大受一行人②，两军于是交战。加藤光泰队不敌，铁炮众被明军击杀六十三人后，逃回了王京。王京城内的四万日军闻加藤光泰兵败，倾巢而出，但明军早已绝尘而去。这一战被记载于日本史料《吉见家朝鲜阵日记》，明朝、朝鲜方面的史料几乎没有，只有朝鲜史料《象村稿》提到了一句"副总兵查大受哨探于慕华馆而返"。

慕华馆位于王京西大门外，可见查大受确实在此地与加藤光泰交过战，但后人往往将此战与后来查大受与立花宗茂的战斗相混淆，误以为是在昌陵、砺石岭等地发生的战斗。如旧参谋本部的《日本战史·朝鲜役》，便误认为查大受与加藤光泰是在昌陵一带交战。北岛万次的《丰臣秀吉朝鲜侵略关系史料集成》则认为，此战发生于1月26日（日本历1月25日），查大受与加藤光泰是在坡州—高阳一带交战，将此战与宇喜多秀家部队在次日的侦察行动混淆了，日期和地点都记错了。

---

① 日军屠王京事件，见于《宣祖昭敬大王实录》《高丽日记》《朝鲜阵记》《吉见家朝鲜阵日记》《梨羽绍幽物语》。

② 《吉见家朝鲜阵日记》记载，明军出动一两万人，与加藤光泰交战，这一数字过于夸张，当时查大受的侦察部队只有五百人。

▲ 加藤光泰

此外，彰显立花宗茂事迹的史料《立斋旧闻记》记载，在1月25日，加藤光泰、前野长康一共率领三千人，与五六千名明军交战，但是不敌战败，逃回了王京。这个记载也有些问题，前野长康当时待在王京，并没有和加藤光泰一同在城外巡逻，两人兵力也不可能达到三千。据《前关白秀吉公御检地帐》记载，加藤光泰在朝鲜只有一千人，其巡逻队也没有出动全部人马，只抽调了一部分。此外，查大受的侦察队兵力是五百人，没有五六千人。慕华馆之战本质上只是很小的遭遇战，因此，明朝、朝鲜史料基本都没提。

话说回来，查大受在王京西大门外的慕华馆击败了加藤光泰的侦察队以后，就退到了后方的碧蹄馆。同日晚上，自平壤南下的李如松率军进入开城①。李如松见到城内的朝鲜士民百姓饱受饥荒之苦，于是发银一百两、米一百石，进行赈灾。

1月26日（日本历1月25日），李如松又从开城南下，他渡过临津江，进屯坡州②。明军的炮车、军器、辎重等军用物资也陆续渡过临津江③。同日，李如松使祖承训、孙守廉、李宁、张应种、高升、胡鸾等将④率领三千名骑兵，作为第二批侦察部队，继查大受之后南下勘探王京道路，为自己进兵王京做好侦察工作。

据日本史料《立斋旧闻记》《吉川家谱》记载，在1月26日，日军又与明军发生接触，但两史料记载的内容稍有不同。《立斋旧闻记》记载，宇喜多秀家部

---

① 《宣祖昭敬大王实录》说李如松在一月十日进入开城，这一说法有误。
② 《再造藩邦志》记载，李如松进屯坡州的时间是1月27日，这与《宣祖昭敬大王实录》提供的1月26日这一日期不符合，本文采纳《宣祖昭敬大王实录》的说法。
③ 出自《惩毖录·录后杂记》。
④ 李如松派遣的侦察部队诸将名单出自《经略复国要编》《宣祖昭敬大王实录》《壬辰记录》。

队在这一天出城巡逻侦察明军动向，最后没有与对方交战，便退了回来。《吉川家谱》则记载，宇喜多秀家部队在这一天前进至坡州—高阳一带时，被埋伏在此的明军击败，于是败走。两相比较，《立斋旧闻记》的记载比较符合当时的实情，因为无论明朝还是朝鲜史料，都没有记录明军在 1 月 26 日与日军交战，可靠的日方一手史料《吉见家朝鲜阵日记》也只记录了加藤光泰在 1 月 25 日与明军的遭遇战，没有次日宇喜多秀家部队相关的记录。可见，只是宇喜多秀家部队在这一天出城巡逻，但未与明军交战便回了王京。

王京日军的觉悟

加藤光泰在 1 月 25 日的慕华馆之战败退以后，王京日军便加强警戒，并替换了阵型，将打前阵的加藤光泰替换为立花宗茂，部署好了迎战明军的具体阵型。据《吉见家朝鲜阵日记》记载，王京日军摆出的阵型如下：

队列	将领
第一队	立花宗茂
第二队	粟屋四郎兵卫、小早川隆景
第三队	毛利元康、吉见元赖、小早川秀包、筑紫广门、天野五郎兵、三吉殿、佐波殿
第四队	吉川广家
第五队	黑田长政
第六队	不明
第七队	不明
第八队	不明

从《吉见家朝鲜阵日记》的记载可以看出，承担迎战明军任务的主要是侵朝日军第六军团，第一队到第四队都是出自这一个军团，但其没有明确记载第六、第七、第八队的日军将领，对日军各番队的具体兵力也没有记录。对此，由日本

旧参谋本部编纂的成书于1924年的《日本战史·朝鲜役》，以《吉见家朝鲜阵日记》为基础，结合其他史料的记载和自身推测，对这份名单进行了增补，明确了各番队的将领和具体兵力，是为下表：

队列	主将	兵力
第一队	立花宗茂、高桥统增	约三千人
第二队	小早川隆景	约八千人
第三队	小早川秀包、毛利元康、筑紫广门	约五千人
第四队	吉川广家	约四千人
以上为小早川隆景统率之先锋队		合计约二万人
第五队	黑田长政	约五千人
第六队	石田三成、增田长盛、大谷吉继	约五千人
第七队	加藤光泰、前野长康	约三千人
第八队	宇喜多秀家	约八千人
——	**以上为宇喜多秀家统率之本队**	合计约二万一千人
总计	——	约四万一千人
备注：小西行长、大友义统等留守京城		

  《日本战史·朝鲜役》统计的这份王京日军兵力表，也被后人视作此后碧蹄馆之战发生时的日军出战名单，时常被引用。但事实上，这份统计表存在很大瑕疵。

  首先，《日本战史·朝鲜役》对《吉见家朝鲜阵日记》的日军阵型名单有删减。在《吉见家朝鲜阵日记》原文，对王京日军的第二阵，先写了小早川隆景的家臣粟屋四郎兵卫，然后才是小早川隆景的本队，这应该是小早川隆景的安排，但《日本战史·朝鲜役》却将粟屋四郎兵卫的名字给删除了，只留下了小早川隆景；对于王京日军的第三阵，《吉见家朝鲜阵日记》写了毛利元康、吉见元赖、小早川秀包、筑紫广门、天野五郎兵、三吉殿、佐波殿，但《日本战史·朝鲜役》只留

▲ 西国大名

下了小早川秀包、毛利元康、筑紫广门的名字，其余名字被删。

除了删除人名，《日本战史·朝鲜役》对王京日军兵力的统计也有问题，基本上是把各部日军刚进入朝鲜时的人数加起来，没有考虑这些日军部队在此之前因为转战各地，出现过不同程度的损伤。

光是被安排为打头阵的立花宗茂、高桥统增兄弟，《日本战史·朝鲜役》给出的三千兵力就有严重误差，计算方式不正确。根据《天正十九年立花宗茂（八万石）、高桥统增（二万石）两队军役编成表》的记载，立花宗茂、高桥统增兄弟刚出征朝鲜时的兵力一共有三千人，各兵种人数如下：

（单位：人）

战斗人员（合计1400）	非战斗人员（合计1600）	合计
骑兵150 步士150 铁炮足轻200 弓足轻100 枪足轻500 昇足轻100 徒差物足轻200	马卒300 挟箱持150 小物500（铁炮足轻付200、弓足轻付100、徒差物足轻付200） 手明夫（预备输卒）650	3000

立花宗茂、高桥统增的三千人中，包括一千六百人的非战斗员，扣除这部分人数，立花兄弟实际的战斗人员只有一千四百人。在登陆朝鲜后，立花兄弟参与过多次战斗，付出了一定程度的伤亡。所以这个时候立花宗茂兄弟实际投入战斗的人数应在1400人以下。

《日本战史·朝鲜役》将立花宗茂兄弟刚登陆朝鲜时的兵力直接算进去，没有考虑到立花、高桥部队在此前多次战斗中的伤亡，也没有考虑非战斗人员，计算方法很不严谨。立花家出兵朝鲜时候的各个兵种构成、兵力数量存在上面这一份军役表，与后人统计的数据尚且相差巨大，对于那些没有军役表的日本战国大名家，可想而知后人统计的误差会有多大。因此，《日本战史·朝鲜役》列出的这份王京日军迎击明军的阵型名单，只能作为参考，不能视作事实。

砺石岭之战

在王京日军已经摆好迎击明军的阵型，以及明军派了第二批侦察队南下查探王京地形的情况下，明、日两军的冲突难以再避免。1月27日（日本历1月26日）丑时（半夜一时至三时），立花宗茂派出的侦察队将领十时但马守、森下备中守侦察到明军正向王京逼近，并将这一个情报汇报给了立花宗茂，立花宗茂立即做出了迎战的准备。当时天气寒冷，风又很大，立花宗茂取来大米，和士卒们熬了一锅粥吃，又分配酒水给士卒暖身防寒，还激励士卒："明房必来战，今日是彼我胜败之所决也！"士卒听了这番话，士气为之振奋。卯时（上午五时至七时），明军侦察队行进到距离王京有三里路程的砺石岭，在此地遭遇了王京日军的先阵立花宗茂、高桥统增兄弟，两军于是发生冲突。

▲ 立花宗茂绘像

立花兄弟将部队分成三部，头阵为小野和泉守、立花三左卫门，二阵为十时传右卫门、内田市正，后阵为立花宗茂、高桥统增兄弟。据《立斋旧闻记》记载，立花军头阵兵力为七百人、二阵为五百人、后阵为二千人，总计三千二百人。但这一个数字并不符合实际情况，是此书作者通过拆解立花兄弟刚入朝时的三千多兵力自行"分配"的。

　　查大受和朝鲜将领高彦伯的第一批侦察队有五百名骑兵，率先和立花宗茂、高桥统增兄弟的部队交战。在查大受后方，由祖承训、孙守廉、李宁、张应种、高升、胡鸾等将率领的第二批明军侦察队，也出动三千骑兵投入战斗。对于明军侦察队和立花宗茂、高桥统增兄弟在此期间交战的经过，两军用了什么战术，在战争回忆录《天野源右卫门觉书》中有非常详细的记载，后人也经常引用此书的

▼ 黑田长政

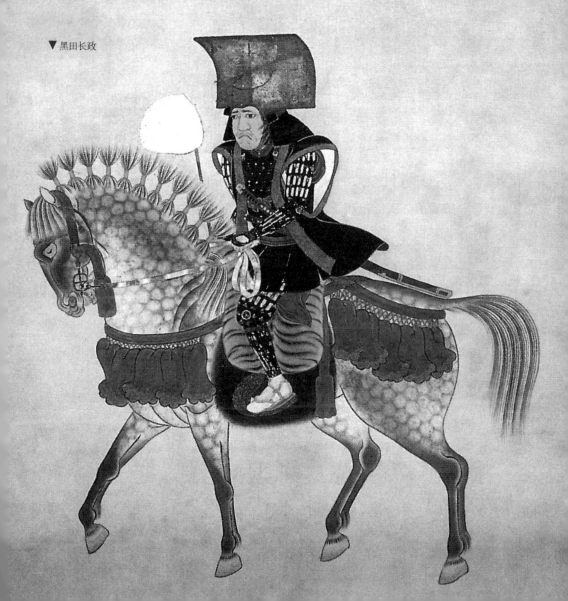

记载。但这本书其实是伪书，交战的经过实际上并不清楚。整场战斗下来，立花军付出了很大伤亡，二阵大将十时传右卫门、旗奉行池边龙右卫门，以及小野成幸、小串成重、户次镇林等将士战死，士兵战死至少三百人。高桥家中也阵亡了今村喜兵卫、井上平次、帆足左平、梁濑新介等将士。即便是在后世有"西国无双"之美誉的立花宗茂率领的后队，也在明朝精锐辽东骑兵的驰突下溃不成军。不敌明军的立花宗茂最终败下阵来，逃到附近的小山丘上休息（日本史料称为小丸山）。立花宗茂战败，《吉见家朝鲜阵日记》《毛利家记》《立斋旧闻记》等都予以了承认。但《立斋旧闻记》《黑田家谱》说立花宗茂败退以后，黑田长政和大谷吉继立即奔赴战场，接替立花宗茂与明军作战并不是事实，因为黑田长政、大谷吉继都是王京日军的预备队，队列排在很后面。

据《征韩伟略》等史料的记载，战败的立花宗茂被射得如同一只刺猬一样，盔甲上挂满了明军的弓箭。但同时又有这样一件逸事，据说立花宗茂在败退到小丸山以后，大口大口饮起了酒，并一连吃下了三个饭团，周围的士卒皆惊叹立花宗茂在这种情况下还有闲心思吃东西。

立花宗茂的家臣小野和泉守在晚年写的觉书中，详细回忆了立花宗茂临危不乱吃东西的情景。原文记载，当清晨的战斗结束后，人马都在休息时，小野和泉守开口说道："我带来的竹叶饭先多少吃点吧。"但由于战败，立花麾下久经战场的猛士们失去了食欲。小野和泉守见众人没有反应，便喃喃自语："全都不吃了吗？那我自己吃了。"于是，他自己拿起一个竹叶饭团啃了起来，但因为太过紧张的缘故，难以下咽，最后好不容易才吃了一点下去。立花宗茂看到这般情景，便让小野和泉守把饭团拿给他，他慢慢地咀嚼了三个攥在一起的竹叶饭团，又用竹筒里的酒润了润喉咙。小野和泉守见状，又想拿起一个饭团吃，却怎么也咽不下去，最后只好扔掉。这便是赫赫有名的立花宗茂吃饭团的故事。

在砺石岭之战开战前和开战后，立花宗茂两次吃食物，是个非常有趣的现象，但不断吃食物也缓解不了紧张感，此战的最后结果是，明军侦察部队击败了立花宗茂、高桥统增兄弟率领的日军第一队。但这一战充满了很多疑点，朝鲜各史料对此战的细节描写存在很多差异，包括明军与日军交战的具体地点，明军和日军在这一阶段出动的真正兵力，还有明军斩获日军的首级数量，见下表：

史料名称	明军数量（单位：人）	遇敌地点	日军数量（单位：人）	斩获首级
《简易集》	数百骑		二百	全部斩获
《宣祖实录·柳成龙驰启》	——	昌陵近处	数百余人	全部斩获
《乱中杂录》	——	昌陵外	——	百余级
《惩毖录》	数百	砺石岭		百余级
《象村稿》	——	弥勒院前野	数百	一百三十级
《宣祖实录·俞泓驰启》	——		六七百	四百余级
《宣祖实录·正文》	三千精骑	迎曙驿	——	六百
《宣祖实录·李德馨语》	三千	碧蹄	——	千余级
《宣祖实录·陈方哲言》	三千五百	王京城下	——	——

应该如何看待朝鲜史料在这些细节上有不同记载？关于明军兵力，《简易集》和《惩毖录》都说是数百骑，这是因为只算了查大受、高彦伯的第一批侦察队，没有算明军的第二批侦察队。是战，明军第一批侦察队五百骑，第二批三千骑，实际兵力应该是三千五百骑。

关于日军兵力问题上，可供参考的是《简易集》的二百、《宣祖昭敬大王实录》的六七百、千余，不管是哪一个数字，都可见立花宗茂、高桥统增兄弟在此战投入的兵力不多，没有日本史料所说的有三千多人。

关于明军的斩首数量，依照《乱中杂录》《惩毖录》《象村稿》的记载，大致在一百至一百三十余级之间，绝不可能会是《宣祖昭敬大王实录》提到的四百、六百、千余级。因为即便是后来正式阶段的碧蹄馆之战，李如松在战后也只上报斩得日军首级一百六十七颗，并且这个数目已经包括之前明军侦察队在砺石岭之战的全部斩首数量。

关于明军与日军的冲突地点，朝鲜史料中有昌陵近处（或昌陵外）、砺石岭、

▲ 碧蹄馆之战

弥勒院前野、迎曙驿、碧蹄、王京城下等多种说法，令人无所适从，摸不着头脑。要了解哪一个说法是正确的，首先要了解坡州到王京一带的地理路线。明军侦察队从坡州南下前往勘探王京道路，坡州的南面是惠任岭，惠任岭的南面是高阳，高阳的南面是碧蹄馆，碧蹄馆的南面是望客岘，望客岘的南面是新院店，新院店的南面是砺石岭，砺石岭的南面是昌陵，昌陵的南面是迎曙驿，再南面就是朝鲜都城王京。

基于上述地理路线的分析，昌陵、迎曙驿、王京城下这三个地点是可以直接排除的。《宣祖昭敬大王实录》正文部分记载，明军侦察队击败日军头阵后，大部队王京日军布阵在砺石岭，明军于是退屯碧蹄馆。如果明军侦察队是在砺石岭以南的迎曙驿、昌陵、王京城下这三个地方与立花宗茂交战，那大部队日军布阵在砺石岭后，就等于切断了明军侦察队的退路，明军侦察队就不可能一路退到碧蹄馆。因此，不可能在这三个地方交战。相比较而言，《惩毖录》记载的砺石岭是最合理的交战地点。又根据《近世日本国民史·朝鲜役》的说法，《象村稿》中的弥勒院前野就是砺石岭。因此，可以明确地说，明军侦察队与立花宗茂、高桥统增兄弟的战斗，是"砺石岭之战"，而不是"昌陵之战""迎曙驿之战""王京城下之战"。

除了以上这些问题，砺石岭之战的交战时间也存在一定疑问。据《立斋旧闻记》记载，砺石岭之战从卯刻（上午五时至七时）开始，一直打到巳时（上午九时至十一时），打了至少四个小时。北岛万次《丰臣秀吉朝鲜侵略关系史料集成》，便对《立斋旧闻记》进行注释，说此战从上午六时开始，到十时结束。但这种说法也存在很大问题，首先是日方的一手史料《吉见家朝鲜阵日记》只记载此战从卯时开始，没有记载在什么时辰结束。朝鲜史料《宣祖昭敬大王实录》《象村稿》则都提到了查大受在打败日军头阵以后，便请李如松即刻进兵，李如松在辰时（上午七时至九时）从坡州动身南下。日本史料《户川记》也记载，在辰时下刻（上午九时）的时候，日军第二队的小早川隆景已经与明军交战。由此而言，砺石岭之战在辰时就已结束，并没有打到巳时。

日军设伏之谜

明军侦察队在砺石岭之战打败立花宗茂以后，对日军很是轻视，认为王京日军已经不堪一击。查大受派遣快骑，向驻屯在坡州的李如松报告："贼已夺气、愿速进兵！"①请李如松速速进兵王京②。李如松接到前线明军获胜的情报后，率

▲ 日本武士（一）

---

① 此话出自《象村稿》。《宣庙中兴志》记载查大受向李如松报告的话是："贼已夺气，可破也！"
② 《宣祖昭敬大王实录》："查大受请提督来观形止。辰时，提督以单骑驰往……"《再造藩邦志》："查大受与高彦伯……驰禀于提督曰：'贼已夺气，愿速进兵'……"

领副将杨元、张世爵、李如柏、李如梅、李如梧、李如楠等，抄领两千骑兵，于当日辰时从坡州动身向王京进发。中途，李如松分军为二：杨元领一千骑兵继后，留在坡州和惠任岭之间的马山馆；他率领剩下的一千人继续向王京进发。正是这一决定，后来救了他一命。

除了查大受报捷外，还有一个原因使李如松决定亲自前往王京。据《明史·李如松传》记载，李如松向王京进发的原因是："官军既连胜，有轻敌心。二十七日再进兵，朝鲜人以贼弃王京告，如松信之，将轻骑趋碧蹄馆。"说的是，由于朝鲜人伪报日军已经尽数从王京撤出，李如松因此轻敌前进。《宣祖昭敬大王实录》根据南兵千户吴惟珊的话，也提到了这一点，说："天兵为我国哨兵瞒报所误，谓倭贼已退，京畿已空，领兵前进……"可见，促使李如松动身前往王京的原因主要有两个，一是查大受报捷，说王京日军已经不成气候；二是朝鲜哨兵的伪报，称日军已经尽数从王京撤出。在这两个错误情报的作用下，李如松不知数万日军仍屯聚在王京城内，因而以轻兵前进。后人皆称李如松在碧蹄馆之战是轻进，但不知他率兵"轻进"的原因是前线明军和朝鲜军的误报，而不是他主观草率行事。

此时，在砺石岭刚打完胜仗的明军侦察队，一下子就陷入了大不利的境况。王京日军接到立花兄弟战败的消息后，倾巢而出[1]，布阵于砺石岭。明军侦察队副总兵祖承训和游击高升、胡鸾三人见日军黑压压的一片，不由大惧，仓皇间便掉头逃跑[2]。由于三名将领不战自溃引起了连环效应，剩下的将士也纷纷掉头逃命，三千五百名明军从砺石岭后退到了碧蹄馆。

但是日军并没有就此罢手，由小早川隆景指挥的日军先锋队第二队，毛利元康和小早川秀包等人率领的第三队从砺石岭下山，穷追不舍，紧逼明军。其余日军各部队布阵在砺石岭后方，作为预备队。据《吉见家朝鲜阵日记》记载，在砺石岭后方虎视眈眈的日军部队，有吉川广家、黑田长政、大谷吉继、增田长盛、

---

① 出自《宣祖昭敬大王实录》《吉川家谱》《吉见家朝鲜阵日记》。
② 祖承训、高升、胡鸾三将在碧蹄馆之战带头先跑，出自《经略复国要编》。

▲ 日本武士（二）

石田三成、宇喜多秀家等。

在小早川隆景的指挥下，日军先锋队的兵力从三个不同方向，进逼退屯碧蹄馆的三千五百名明军骑兵。由小早川隆景亲自率领的第二队，以小早川家臣粟屋四郎兵卫为第一阵、井上五郎兵卫为第二阵、小早川隆景的本队为第三阵，布置在碧蹄馆和砺石岭中间的望客岘一带，是为中军。先前败退到望客岘西面方向丘陵（即小丸山）的立花宗茂、高桥统增率领的第一队，自然便作为小早川隆景的左翼部队①。由毛利元康、小早川秀包、筑紫广门等将率领的第三队，则布置在望客岘东面方向的丘陵，作为小早川隆景的右翼部队②。

学者北岛万次认为，小早川隆景将中军安排在望客岘是故意示弱，左、右两

①出自《近世日本国民史·朝鲜役》，但渡边村男的《碧蹄馆大战记》对此说存在异议。
②出自《近世日本国民史·朝鲜役·中卷》第284页、《丰臣秀吉朝鲜侵略关系史料集成·第二卷》第4页。

翼分别埋伏于望客岘两方的丘陵,当明军与望客岘的中军交战时,左、右两翼齐出包围明军,将明军一网打尽。但当时明军侦察队已经意识到日军兵力众多,因此从砺石岭一路撤退到了碧蹄馆,日军根本没有必要再向明军"示弱",明军也不会就这样上当。小早川隆景的这一手安排非常简单,就是依赖兵力优势,分三个不同方向进逼明军,使其难以逃脱。

但另一个问题又来了。砺石岭之战后,日军大部队骤然齐出,使明军从一开始占有优势变为陷入了不利境地,这是否是日军导演的诱敌之计?对此,存在两种说法。柳成龙在《输运唐粮以济大事状》中认为,砺石岭之战本身就是王京日军刻意为之的"钓鱼"之战,在事先埋下伏兵的情况下放出饵兵,引诱明军上钩,原文说:"查总兵与防御使高彦伯驰到昌陵近处,贼多设伏于山谷间,先出数百人诱引。总兵挥军掩击,贼披靡散走,斩获殆尽。欲引退之际,贼后队大兵继至。"

《宣祖昭敬大王实录》记载:"当日南兵千户吴惟珊,以调兵事过去,言前月二十七日晌午,天兵为我国哨兵瞒所误,谓倭贼已退,京畿已空,领兵前进。倭贼曾已埋伏,反被中截围掩……"明军的南兵将领吴惟珊的意见与柳成龙的基本相同,都认为李如松中了埋伏,但他认为李如松是被朝鲜哨兵的错误情报误导了,于是率军轻进,中了埋伏。

也有另一种说法,根据《宣祖昭敬大王实录》正文部分的记载,认为王京日军并没有事先设下伏兵,是听说先锋部队(立花宗茂、高桥统增)战败以后,才出动的援军。原文:"贼将闻其前锋为大受所破,悉众而来,阵于砺石岘。"

笔者认为,王京日军应该只是事先排好了迎战明军的阵型,并没有提前在砺石岭设下伏兵。首先,他们无法算准明军会在什么时候攻过来,所以此前有加藤光泰、宇喜多秀家的侦察队在城外巡逻。最重要的一点,如果立花宗茂、高桥统增兄弟的第一队只是被刻意安排的引诱明军的诱饵部队,那他们付出的伤亡代价也太大了一点,他们在付出了阵亡数百人的代价后,后继大部队才出动。如果事实真是如此,那立花兄弟就成了小早川隆景安排的弃子,不管他们打得多惨,他们的作用也只是牢牢拖住明军,好让王京日军大部队出动后能将明军一网打尽。笔者并不认为这种阴谋论说得通。如果日军真的事先就在砺石岭安排好了伏兵,完全没必要在砺石岭之战结束后才现身,他们也不可能预料到李如松会亲自出马。

日人盐谷世弘的《小早川隆景传》，也提到小早川隆景在砺石岭之战刚结束时"坚阵不敢动"，不敢有所动作，等过了一会儿才下令日军"依山结阵，而自纵精锐击之"。所以合理的解释是，王京日军并没有刻意安排伏兵引诱明军，一切都是突发情况。

日军诱敌之谜

小早川隆景指挥日军先锋队第一队、第二队、第三队进逼明军侦察队的同时，李如松已经从坡州南下至惠任岭，在路上碰到了从前线逃回的朝鲜将领高彦伯的军官，知道了明军侦察队在碧蹄馆被围的消息。李如松得知日军兵力众多后没有犹豫，当即决定驰马突进、直奔战场。但行进途中，他的战马突然蹶倒，致使他摔下马，脸颊微微受伤，过了很久才起来。这显然是个不详的兆头，但李如松不为所动，仍旧直奔碧蹄馆。

李如松一路狂奔到达碧蹄馆后，明军兵力达到约四千五百骑，但仍然远远少于日军。李如松看到被围的明军将士因为日军势大，全都迟疑，不敢上前与日军交战，便当即喝令诸将士上前搏战，畏缩不前者斩首。于是官兵齐上，与日军砍杀在一块，碧蹄馆之战至此正式打响。

到碧蹄馆之战开打为止，部分朝鲜史料又出现了诱敌之计的说法，认为日军故意在砺石岭以赢兵示弱，假装败走，诱使明军进战，让明军骑兵陷入泥泞，发挥不出优势，日军乃趁机上前，挥剑对其砍杀。《象村稿》便持这一说法，原文是这样记载的："贼众列植旗帜于砺岘（砺石岭），提督进战，贼赢兵诱我，佯北而引入淖中。天兵汰进，陷于泥泞，马不得行，贼乃挥剑前杀。"

但这并不是事实，因为当时明军侦察队已经从砺石岭后退到碧蹄馆，李如松并不会进战至砺石岭；且明军侦察队是意识到日军兵力远远多于明军后才逃跑的，这时日军不可能再以"赢兵"引诱明军上当。《宣祖昭敬大王实录》记载"先来天兵，直突搏战"、"提督与手下骁将数十人亲自驰射"，可见明军骑兵并非完全不能驰骋。

不过，朝鲜多稻田，不利于明军骑兵作战，在文禄之役时没有发挥出优势，这是事实，屡见于《经略复国要编》收录的相关公文书。以当时战场上的复杂情

▲ 明军将士（一）

势而言，部分明朝骑兵确实可能出现了《乱中杂录》中所说的"贼诱入泥淖，左右翼击，勇兵多死"的情况。退一步说，即便不是被"诱入泥淖"，朝鲜的地形也不利于明军骑兵发扬其长处。就连李如松自己事后也承认，明军骑兵在碧蹄馆之战的时候"因稻畦深，马难驰骤"。

柳成龙在《惩毖录》中这样记载："时贼匿大众于砺石岭后，只数百人在岭上。提督望见，挥其兵为两翼而前，贼亦自岭而下，渐相逼。后贼从山后邋上山，阵几万余。天兵望见，心惧而已，接刃不可解……"称日军在砺石岭上以数百人引诱明军进战，日军大部队埋伏于砺石岭后，李如松不明就里，将明军骑兵分为左右两翼，直逼日军，结果日军伏兵从砺石岭后现身，使明军陷入极其不利的境地。柳氏的这一说法与事实相悖，并非实情。当时，明军侦察队因为日军人数众多，已经从砺石岭后退到碧蹄馆，因此李如松不可能进战至砺石岭，更不可能在砺石岭中诱敌之计。

无论是《象村稿》还是《惩毖录》的说法，都不是事实。《宣祖昭敬大王实录》说得很明白，明军侦察队在打败日军先锋队以后，王京日军倾巢而出布阵在砺石岭；明军侦察队见日军势大，便退屯碧蹄馆，但是日军"分布山野，看看渐逼"。在这种情况之下，日军根本不可能再用示弱诱敌之计，明军当时也已意识到日军的真实兵力，不会上当。

朝鲜史料《宣庙中兴志》整合了《象村稿》《惩毖录》的两个说法，记载道："贼佯北诱之，引入泥淖中，骑不得展。贼伏兵乃上山而阵，几万余人。天兵望之恼惧，贼遂挥剑齐进，人马皆糜……"这一说法更荒诞无稽。

碧蹄血战

碧蹄馆之战发生的直接原因，是李如松在收复被日军占据的朝鲜陪都平壤以后，想一鼓作气收复朝鲜都城王京，他为此先后派出三千五百名骑兵南下勘探王京道路，为自己进兵做好准备工作，碧蹄馆是去王京的必经之路。当明军侦察队越过碧蹄馆，行至王京城外的砺石岭时，在此遭遇日军先阵立花宗茂并将其击破，由此轻敌，李如松的家丁查大受和朝鲜人都向后方的李如松报告了王京空虚、可以拿下的消息。李如松误信了这一错误情报，继明军侦察队之后，亲自率领轻兵向王京进发。但砺石岭之战结束不久，王京的日军大部队相继出动，迫使明军侦察队从砺石岭后退到了碧蹄馆。由于日军势大，退屯碧蹄馆的明军侦察队难以脱身；正在行进途中的李如松在获悉相关情报以后，并没有因为自己兵力少退缩，而是勒马驰赴碧蹄馆，督军作战，于是揭开了碧蹄馆之战的序幕。

当初，明军渡过临津江时，将炮车、军器、辎重等陆续督运过江，这些军资有一部分就运到了碧蹄馆。当李如松赶到碧蹄馆战场时，明军手上至少有三门天字大将军炮，编号分别为贰拾伍号、陆拾玖号、壹佰叁拾伍号。除此以外，明军还有神机箭、三眼铳等火器，远距离攻击的武器还有弓箭。

▲ 铁炮足轻

碧蹄馆之战在巳时（上午九时至中午十一时）正式开始打响，四千五百名明军直面的是小早川隆景先锋队的第一阵粟屋四郎兵卫，李如松下令明军先使用神机箭、天字大将军炮等火器，以火力压制日军①。日军也施放铁炮回击明军②，小早川方的史料《梨羽绍幽物语》记载："我铳技精妙，丸无虚发。"但即便如此，日军铁炮队的火力也没拼过明军的天字大将军炮。在一波火力压制后，明军骑兵又上前搏斗③，与日军白刃相接。据《日本战史·朝鲜役》的记载，明军骑兵部队攻击粟屋右边的阵地，之后回旋到左边，逐次增加生力军，反反复复对粟屋的阵地进行回旋攻击。这一战术，颇似日本战国名将上杉谦信在第四次川中岛合战时摆出的"车悬阵"。在天字大将军炮的轰炸和明军辽东骑兵的不断驰突下，粟屋四郎兵卫不敌，败退，由小早川隆景安排的第二阵井上五郎兵卫接着战斗。井上五郎兵卫在《隆景碧蹄里之战史》中被评价为"勇冠（毛利）军中"，可见是不可小觑之人。但明军不屈不挠，打得井上五郎兵卫非常被动，有些士卒甚至开始向后逃窜。情急之下，井上五郎兵卫大声激励手下士卒："士之临战场也，以进死为荣，以退生为辱！汝等努力，慎勿去此！"尽管如此，井上五郎兵卫也不敌明军，继粟屋四郎兵卫之后败退④。

尽管小早川隆景安排的第一阵粟屋四郎兵卫、第二阵井上五郎兵卫相继败退，但他留有后手。在酣战之际，小早川隆景使左翼的立花宗茂、高桥统增从望客岘

---

① 出自《宣祖昭敬大王实录》《宗茂公朝鲜军之御次第物语觉》《吉见家朝鲜阵日记》的综合推考。
② 出自《宣祖昭敬大王实录》《梨羽绍幽物语》。
③ 出自《宣祖昭敬大王实录》李德馨的证词。
④ 出自《义弘公御谱》。

左侧的丘陵迂回到明军后方，右翼的小早川秀包、毛利元康等将从望客岘右侧的丘陵迂回到明军后方，他自己则亲自率领第三阵从正面迎战明军，中军和左、右两翼对明军形成包围①。《宣祖昭敬大王实录》记载，此时日军"左右散出，冒死突出，直冲中坚"、"左冲右突，一时直前"。小早川隆景在碧蹄馆之战的这一安排，颇有汉代名将韩信在垓下之战决战项羽时的风采，不愧为日本战国排得上名号的名将。

《史记》记载了韩信在垓下之战的战术："高祖与诸侯兵共击楚军，与项羽决胜垓下。淮阴侯将三十万自当之，孔将军居左，费将军居右，皇帝在后，绛侯、柴将军在皇帝后。项羽之卒可十万。淮阴先合，不利，却。孔将军、费将军纵，楚兵不利，淮阴侯复乘之，大败垓下。"在垓下之战，韩信对决项羽，也是分兵三阵，自己坐镇中军，孔将军为左翼、费将军为右翼，并且留有后军，与王京日军迎战明军的阵型完全相同。韩信在中军暂时失利退却后，便纵左、右两翼夹击明军，致使项羽失利，同时中军恢复攻势，三方围攻使项羽大败。韩信的战术一千多年后在小早川隆景身上重现，可见小早川隆景确实不可小觑，是日军当中极具军事经验的悍将。

陷入重围的明军，此时面临日军先锋队的包围，不得不拼死作战，以求突围。但原本在砺石岭后方观战的日军预备队相继出动，望客岘漫山遍野都是，从望客岘的左右两方夹击，将明军团团围住，使明军难以突破日军的包围圈②。有一说法，据《日本战史·朝鲜役》记载，在小早川隆景的三线夹击下，明军败退八町，从碧蹄馆后退到了更后方的高阳，又被日军围困高阳。但这一说法是否属实，未能得到有力史料证明。

据《吉川家谱》记载，自第四队的吉川广家投入战斗后，石田三成、增田长盛、大谷吉继、加藤光泰诸将也相继投入战斗，甚至连原来留守王京城内的小西行长也杀出城外。据《松浦家记》记载，原来和小西行长一同留守王京的松浦镇信，

---

① 出自《丰臣秀吉朝鲜侵略关系史料集成》《近世日本国民史·朝鲜役》。
② 此语出自《经略复国要编·李如松揭报》。

▲日本武士（三）

也同样杀出了城外，松浦镇信按照石田三成的指令，以铁炮攻击查大受的稗将张翼、苟文亮。据《太阁记》记载，日军预备队中位列最后一队、同时担任日军侵朝总大将的宇喜多秀家，不顾石田三成、增田长盛、大谷吉继三奉行的劝阻，也投入了战斗。按照《户川记》的记载，宇喜多秀家的家臣户川达安不甘心被小早川隆景抢了战功，于是一马当先，争先奋进，抢着立功。

　　从以上日本史料的记载来看，碧蹄馆之战的关键阶段到了后，王京城内的日军真正做到了倾巢而出。碧蹄馆之战，至此成为由李如松率领的四千五百名明军，对战由小早川隆景、立花宗茂、小早川秀包、吉川广家、石田三成、大谷吉继、小西行长等日本战国名将、名臣率领的数万人的激烈会战。但明军在绝对的劣势之下，仍旧爆发出巨大的战斗力，诚如《征韩伟略》一书所言："奇兵宗茂、秀包等见机而下山，直冲如松中军，隆景亦纵横奋击。而如松兵有节制，进退自在。两雄相会，战甚苦，自巳至午。"毛利家史料《萩藩阀阅录》亦记载，小早川秀

▲ 石田三成画像

▲ 日本武士（四）

包部队受到明军冲击，伤亡较大。包含家老横山景义，下级武士如桂五左卫门、内海鬼之丞、伽罗间弥兵卫、手岛狼之助、汤浅新右卫门、吉田太左卫门、波罗间乡左卫门等武将皆在此役战死。可见明军在逆境下仍旧顽强作战，毫不屈服。

据《户川记》《常山纪谈》记载，由于明军的武装很坚固，日军亦相当被动。宇喜多秀家麾下有一个名叫国富源右卫门的大力武士，他与明军交锋的时候，用刀刃长三尺的太刀砍了敌人三次，但是都被弹了回来。国富源右卫门扔掉刀上去扭打，不一会儿就被按倒在地。明军的辽东骑兵，全都是身材魁梧、精通武艺的精兵。虽然国富源右卫门拼命挣扎，但是好像被大石头压住一样。情急之下，他拔出佩戴的短刀瞄准对方的腹部捅过去，但还是完全捅不破。性命危急之时，国富源右卫门得到己方士兵的帮助，才终于杀死敌人。

为了突破日军的重围，李如松与骁将数十人亲自冲锋陷阵，在马上用弓箭射杀日军，但"势不能支"，终究无法敌过兵力众多的日军。李如松见实在无法打退日军，便指挥明军撤退，他亲自殿后[1]。也有另一种说法，认为是李如松命令查大受负责殿后，夺路而出。但这时，一名不知具体身份的金甲倭将[2]，指挥士卒团团围住李如松，直逼李如松本人，情况非常危急[3]。《宣祖昭敬大王实录》记载："（此时）贼三千余人直逼提督，提督且射且退，贼遂趁锐乱砍，天兵死者数百。"

金甲倭紧逼李如松时，明军裨将李有升拼死保护李如松，手刃数倭，但后来被日军的钩子拉下马，惨遭日军肢解，周遭的八十余名明军勇士亦被砍死。李有升是李如松的心腹爱将，李如松为此下马痛哭[4]。为保护李如松，李如松的兄弟李如梅、李如柏、李如梧和游击李宁等护卫在其身边，一同协力射击、砍杀日军。李如梅拉弓引弦瞄准金甲倭，将其射下马，周遭的日军士兵哭着扶起金甲倭而去。日军见明军勇猛，不再急于进攻。此时，先前被李如松留在马山馆的副将杨元，听说前方战事危急，与参军郑文彬、中军旗鼓官王希鲁等急领一千名骑兵驰援至战场，杀入日军的重围，使日军稍稍退却。

有种说法认为，杨元的这一批援军带来了火炮部队，才发挥了重要作用。北岛万次的《丰臣秀吉朝鲜侵略关系史料集成》辑录了一条《再造藩邦志》的记载，声称杨元在碧蹄馆之战率领"火军"驰赴战场，杀入重围，原文记载："会杨元率火军，砍重围，而倭遂退。"明治四十三年（1910年）发行的朝鲜古书刊行会版《再造藩邦志》，也是同样的记载。但是，如今韩国活字化版本的《再造藩邦志》中记的内容却是"会杨元率大军，砍重围，而倭遂退"，说杨元率领的援军是"大军"，而非"火军"。之所以会出现这一分歧，是因为朝鲜的《再造藩邦志》古籍原版是草字，"大军"的原字，非常像"火军"。一百多年前，日本人在活字化《再造藩邦志》的时候认错了字，给搞成了"火军"。这一个错的字，导致后来的很多日本历史书都受了误导。如朝鲜总督府的《朝鲜史》、德富苏峰的《近世日本国民史·朝鲜役》、中里纪元的《秀吉的朝鲜侵攻与民众·文禄之役》，都写的

---

① 此语出自《宣祖昭敬大王实录》正文。
② 金甲倭的真实身份不明，《征韩伟略》等后世编纂物认为此金甲倭是井上五郎兵卫。
③ 此语出自《经略复国要编·李如松揭报》。
④ 李有升被杀害一事，出自《经略复国要编》《宣祖昭敬大王实录》《万历三大征考》。

▲日本武士（五）

是"火军"，可以说影响深远，直到现在日本人还深受其害。朝鲜官方史料《宣祖昭敬大王实录》明确提到了杨元的这一批援军因为怕影响机动，并没有带步兵、炮手，只出动了骑兵。原文记载，杨元的援军"炮手、步兵未及领去，只以骑兵驰送，击斩二百二级"，可谓说得非常清楚了。

　　继续说碧蹄馆之战，杨元抄领一千名骑兵杀入重围以后，李如松趁乱率领杨元、李如柏、张世爵等将冒死突围，此过程中杀死许多日军，但因日军势大，未能够割取首级。游击李宁的左手被砍伤，铠甲叶片被日军铁炮射穿，但没受重伤。除了李宁负伤外，副总兵孙守廉也被砍伤了右臂[①]。情急之下，李如松又一次跌落马下。先前被明军击退的井上五郎兵卫见到这一场景，察觉到这一落马的将领是明军大将，于是便跃马突进，准备斩杀李如松。万死一生之际，周围的明军将李如松扶起，让他骑着另外一匹马逃走。井上五郎兵卫不得其志，未能斩杀李如松，

---

　　① 以上段落皆出自《经略复国要编·李如松揭报》。

因此气得咬牙切齿。

虽然明军付出了惨重的代价，但赖于杨元的援兵，被困碧蹄馆的明军得以突破重围向坡州方向撤退。在明军撤退过程中，明军骑兵的马匹因为泥泞的地形而难以驰骋，甲胄、辎重、炮车等军用物资被弃置于碧蹄馆，一片狼藉。其中，编号为陆拾玖号、壹佰叁拾伍的两门天字大将军炮，被小早川隆景缴获；编号为贰拾伍号的天字大将军炮则被吉川广家缴获。可能还有几门不知具体编号的天字大将军炮也被日军给缴获了。这些被缴的天字大将军炮，后来都被日军作为战利品运送回了日本，据说小早川隆景缴获的两门至今还在。此外，朝鲜人在清理战场时，也拾得明军遗弃在碧蹄馆的军粮若干、盔甲二百余部，交还给了李如松。但李如松只留下甲十余部，其余都给了朝鲜人。

明军突围后，一路向北逃窜，但日军仍在后方追击。追至惠任岭时，坡州的

▲ 日本武士（六）

明军大军出现在岭头，日军见明军大军在惠任岭现身，心里也没底，于是尽数撤退回了王京。据毛利家的史料《梨羽绍幽物语》记载，日军之所以撤退，是由于立花宗茂的家臣小野和泉守见到明军援军出现时，便当即劝阻日军立刻停止追击。小野和泉守说："彼众我寡，逼击恐为敌所围！"日军诸将顾虑到明军援军势大，因而听从了小野和泉守的这一番谏止的话，停止继续追击。至此，李如松终于逃出绝境，碧蹄馆之战由此结束。《宣祖昭敬大王实录》对当时的情景是这样记载的："贼追至惠任岭，望见大军，不敢踰岭，奔还京城。"《乱中杂录》亦记载："贼追至前岭，望见官军大至，走还京。"

后人经常将出现在惠任岭上的明军援军与杨元的援军混淆，认为惠任岭上出现的援军是杨元的。但事实上，明朝史料都说得非常明白，杨元的援军是亲自赶到了碧蹄馆战场，并杀入重围帮助李如松脱困，如此才让李如松在碧蹄馆突围，得以向北逃到惠任岭。而据朝鲜史料的记载，在惠任岭上的明军援军刚一现身，日军就逃走了，这批援军也没有砍入重围。而杨元援军的出现地点是在惠任岭南面的碧蹄馆，不是在惠任岭，并且砍入了日军重围，因此可以肯定是两拨不同的援军。

对于惠任岭出现的明军来源，朝鲜中枢府事李德馨见到了当时的场景，他说："臣上惠任岭，见提督与诸将且战且退，天兵三百余名与倭搏战。退北之际，摆拨急督南兵来救。若以此兵进击，则势似可捷……"提到了惠任岭上的明军其实就是南兵。因此，惠任岭上出现的明军，应该是原先屯在坡州的南兵，而不是杨元的一千名骑兵。这个地方，以往一直被人混淆。

日军追赶明军到惠任岭后就不敢再继续追击，后世成书的日本史料对这一不光彩的事情极力进行粉饰，声称日军一路追杀明军直到临津江（当时日本人又称"开城川"），在这里杀死明军万余人；或者是在这里将明军逼入江中，致使明军溺死万余人。临津江在哪里？惠任岭的北面是前线明军屯驻的坡州，也就是李如松出发时的地方，坡州的北面是临津江，渡过临津江，再北面是开城。相关日本史料的意思是，日军在碧蹄馆之战获胜后追击明军，把李如松的老巢坡州也给打掉了，一直把他逼到了临津江的江边。后世的日本史料不乏这种夸张的说法，如《续日本史·小早川隆景传》记载："我兵蹴击，至临津，获虏万余口。其余排挤入水，溺死者不可枚举，水为之不流。"《日本外史·毛利氏》记载："如松仅以身免，逐北至临津，斩首万余级。"《续本朝通鉴》记载："明兵之溺于开城川而死者尤多，凡今日死者及一万余人。"盐谷氏《小早川隆景传》记载："追亡蹙之临津，斩馘五万，僵尸如丘，临津为不流。"以上这些都是胡说八道，但还有比这更无耻的说法。《续本朝通鉴》说日军把李如松逼到临津江，杀死明军一万人以后，李如松渡江逃到了开城；日军于是开会商量是否渡过临津江，杀到李如松目前所在的开城。这一说法更是无稽之谈，日军追到惠任岭望见坡州的明军出现在岭上，就吓得逃跑了。

回过头，继续说已经摆脱了日军追逐的明军。日暮时分，李如松从惠任岭逃到坡州，回到了他的出发地。稗将李有升在碧蹄馆之战为了保护他，惨遭日军残忍杀害，因此他一回到坡州，就召见了李有升的女婿王审，抚着其背痛哭道："好男儿为我死也！"[1]

碧蹄馆之战，对明、日两军造成的冲击都很大，战败的明军主将李如松在号哭，王京日军也在号哭。日军第一次号哭，是进逼李如松甚急的金甲倭将被李如梅射落马时，金甲倭周遭的日军哭声动地；第二次号哭，是碧蹄馆之战结束后，日军在王京城内大哭。据明军哨探回报："是夜王京城内哭声不绝，因渠魁中箭身死，又杀伤贼酋甚多等因。"[2]原因是日军在碧蹄馆之战同样死了许多人之故。

不管怎样，明、日两军决战于郊野的碧蹄馆之战结束了。事后，日军夸耀此战的胜利，时人和后人也理所当然认为李如松此战失败。但事实并非表面这样简单，碧蹄馆之战本质上是一场突如其来的遭遇战，数千明军撞上王京的数万日军；在小早川隆景的战术安排下，碧蹄馆之战本可成为一场包围歼灭战，但此战在王京日军精锐齐出、出动了数万兵马的情况下，兵力处于绝对劣势的数千明军仍然逃逸，恰恰说明的是日本战国军队的极度无能。可以说，碧蹄馆之战体现的并不是日本战国军队的强大，反而是其脆弱。

---

① 出自《宣祖昭敬大王修正实录》。
② 此语出自《经略复国要编·李如松揭报》。

碧蹄馆之战的兵力、死伤

　　明、日双方在碧蹄馆之战实际投入的兵力、伤亡程度，一直是充满争议的话题，长久以来悬而未决，没有定论。据笔者多年来的整理和统计，碧蹄馆之战明、日双方出动的兵力以及各自伤亡人数，在明、日、朝三国史料中，存在极其众多的说法：

明军兵力	明军死亡人数	日军兵力	日军死亡人数	史料出处
一百〇八万骑	——	——	——	安西军策（日）
一百〇八万	——	——	——	柳河明证图会（日）
百万骑	三万八千余	——	——	太阁记·第十五卷（日）
百万骑	三万八千余	——	——	宇喜多秀家注进状（日）
百万	——	——	——	小野和泉守觉书（日）
百万	——	——	——	续续本邦史记（日）
——	五万一千七百零一	——	——	史料稿本所收文书（日）
——	五万余	八万	死七十三、伤数十	毛利家记（日）
四十万	至少二万	三四万	立花军百余	碧蹄馆大战记（日）
四十万骑	六千	三万骑	——	本朝武家高名记（日）
四十万	——	三四万	——	国恩录（日）
四十万	六千	——	——	柳川战死者名誉录（日）
四十万	六千	——	——	宗茂公战功略记（日）
四十万	六千	——	——	立花近代实录（日）
三十万	全灭	——	二百	天野源右卫门觉书（日）
三十万	三万八千余	——	——	立花家事迹集纂第六（日）
——	——	——	死伤五百余	碧蹄馆役的战死者（日）
——	——	——	立花军三四百	朝鲜二役中的战死者（日）

二十万	三万八千	至少一万七千	立花军三百	立花战功录·劳书序（日）
二十万	三万八千余	至少一万七千	——	太阁公御感状序谚解（日）
——	三万八千余	——	——	加藤光泰·贞泰军功记（日）
——	三万八千余	——	——	加藤家传（日）
三十万	一万	——	——	日本史记·立花宗茂传（日）
二十万	至少二千三百	——	——	松荫灵社记（日）
数十万	数千	——	——	历代镇西志（日）
数十万	——	——	——	立斋公御吐之觉（日）
十万余骑	一万七千三百	五万	立花军三百	立斋旧闻记（日）
——	——	——	立花兄弟三百	玉峰记（日）
十万余	一万	三万	——	国史纂要（日）
十万骑	一万余	二万余骑	——	朝鲜征伐记（日）
十万	一万	二万四千五百	——	丰臣秀吉谱（日）
十万	一万	二万四千五百	——	义弘公御谱（日）
十余万	——	——	——	藤泽南岳：日本通史（日）
步骑十万	——	——	——	日本外史补·立花氏（日）
十万	一万	二万	百余	续日本史·小早川隆景传（日）
十万余骑	一万	二万	百余	日本外史·毛利氏（日）
番汉步骑十万	五万	三万四千	百余	盐谷氏著·小早川隆景传（日）
番汉十万	一万	——	百余	野史·小早川隆景传（日）
番汉步骑十万	一万余	二万四千五百	百余	征韩实记（日）
番汉步骑十万	一万余	二万	百余	逸史（日）
十余万	一万	二万	——	泗川新寨战绩之伟绩（日）
十余万	一万	——	——	续本朝通鉴（日）
十万	一万	——	——	征韩录（日）

十万	数千	——	——	户川记（日）
数万骑	千余	四、五万	立花军百余	吉见家朝鲜阵日记（日）
先阵三万	一万	二万四千五百	——	岛津世家·松陵公（日）
——	九千七百三十七	——	死三十九、伤七百四十三	松浦家世略传（日）
二万数千	六千余	四万一千	——	日本战史·朝鲜役（日）
二万上下	死伤五六千	一万五千以下	死伤二千	近世日本国民史（日）
二万	八十余	四万一千	一百六十七	壬辰战乱史（日）
二万	一万	——	——	征韩伟略（日）
二万	一万	二万二千	——	征伐记（日）
数万	——	——	——	立花家谱（日）
数万	——	——	——	宗茂公感状集序（日）
数万	——	至少五千	——	筑紫记（日）
数万	——	——	——	立花怀觉记（日）
数万	一万	二万五千	——	黑田家谱（日）
——	数万	——	——	清正高丽阵觉书（日）
至少万余	六千	立花军二千	——	日本外史补·立花氏注（日）
一万	——	——	一百六十七	五峰先生文集（朝）
一万余	数百	——	数十	萩藩阀阅录（日）
——	一万余	三万	——	大日本史略（日）
——	一万余	三万	——	日本外史·丰臣氏（日）
——	一万余	——	——	皇朝战略编（日）
——	一万余	——	——	汉文内国史略（日）
——	一万余	——	——	石村贞一：国史略（日）
——	五六千	——	二千	近世日本国民史（日）
六千	三千	八万	——	隆景碧蹄里战史（日）

—	三千	—	—	万历邸钞·丁应泰上言（明）
五千	二百六十四	数万	一百六十七	经略复国要编李如松揭报（明）
精骑四千	数百	至少三千	六百	宣祖实录·正文记载（朝）
至少三千五百	—	—	二百二	宣祖实录·陈方哲说（朝）
三千五百	—	五六万	—	壬辰记录·李提督自辩（朝）
三千	五六百	万余	千余	宣祖实录·李德馨说（朝）
三千	一万	万余	—	野史外国传·明国（日）
三千	死十之七	—	死十之一	虔台倭纂（明）
三千	—	十万	一百六十七	两朝平攘录（明）
三千	—	—	一百六十	征东实纪（明）
二千	—	—	—	万历野获编（明）
骁骑二千	—	—	—	皇明实记（明）
—	数千	—	—	安国寺惠琼文书（日）
—	数千	—	—	小早川家文书·344（日）
—	一千五百	—	—	宣祖实录·吴惟珊语（朝）
—	三百	—	三百	宣祖实录·徐一贯语（朝）
—	—	—	一百四十九	经略复国要编报石司马书（明）
—	数百	—	—	小早川家文书·345（日）
—	数百	—	一百三十余	筑前三池立花数马所藏（日）
—	一百	—	—	阴德太平记（日）
一千数百	—	—	百余	惩毖录（朝）
一千数百	八十余	一万余	—	宣庙中兴志（朝）
一千数百	—	万余	百余	汉阴先生遗稿（朝）
千余骑	—	数万	—	简易文集（朝）
千余	—	—	—	大日本编年史（日）

数百	—	万余	一百三十	再造藩邦志（朝）
数百	—	—	一百三十	象村集（朝）
数百	八十余	万余	一百三十	燃黎室记述（朝）
至少二三百骑	八十余	—	—	春坡堂日月录（朝）
—	—	至少六千		常山奇谈（日）
百余	数十			宣祖实录·柳成龙驰启（朝）
—	—	八万余	—	海东绎史（朝）
—	—		百余	攷事撮要（朝）
—	—	—	百余	乱中杂录（朝）
—	—	—	九十三	鸟取次郎兵卫的手记觉书（日）

关于碧蹄馆之战，日本史料不外乎都鼓吹这是一场非常辉煌的大捷，因此记载的明军兵力非常夸张。记载数量最多的是《安西军策》和《柳河明证图会》，说明军出动了整整一百〇八万人马。略逊于此的，是碧蹄馆之战结束后，宇喜多秀家写给安威摄津守的注进状，提到明军一共出动了百万骑。再往下，各日本史料提到的明军兵力是四十万、三十万、二十万、十万……都远远超过明军的实际兵力，可谓夸张至极。记载明军兵力最少的日本史料，是明治时代由太政官修史馆编纂的准正史《大日本编年史》。该书作为当时明治政府的国家正史工程，取材相对严谨，引用了柳成龙《惩毖录》的记载，称明军在碧蹄馆实际只出动了千余骑，应该说是众多日本史料中态度最为端正的一本书。但《惩毖录》的数字也不正确，包括其他大部分明朝和朝鲜文献，虽然记载的明军兵力远远比日本史料可靠，但也不是一手资料。

在碧蹄馆之战的明军兵力问题上，朝鲜史料《宣祖昭敬大王实录·明军游击陈方哲语》以及明朝史料《经略复国要编·李如松揭报》，这两份资料是最可靠的。综合这两份资料的记载，明军在碧蹄馆之战前后投入四批部队，兵力总计约五千五百人，列表如下：

顺序	出战将领	兵力
第一批	查大受	约五百人
第二批	祖承训、孙守廉、李宁、张应种、高升、胡鸾	约三千人
第三批	李如松、李如梅、李如柏、李如梧、李如楠、张世爵	约一千人
第四批	杨元、郑文彬、王希鲁	约一千人
合计	——	约五千五百人

据明军游击陈方哲说，碧蹄馆之战，明军的侦察部队是三千五百人，查大受领五百兵马先行，其余三千兵马埋伏于后。但是有学者认为陈方哲的话不可信，认为明军侦察队只有三千人，没有三千五百人。这一观点，是根据明朝史料《经略复国要编》提供的查大受、祖承训、孙守廉、李宁、张应种这五位侦察队部将的入朝兵力，计算出他们的总兵力是三千余骑，认为这就是他们在碧蹄馆之战投入的兵力，而陈方哲是把查大受的兵力给重复计算了，并不正确。

实际上，这一说法也不正确，因为他们少算了两个人，那就是游击高升、胡鸾。这两名将领实际上也参加了碧蹄馆之战的侦察战，但很少有人知道。据朝鲜史料《象村稿》记载，高升进入朝鲜的兵力有一千人，胡鸾的入朝兵力则不明。以一个保守的数值进行估算，将他们二人的兵力加上其余五将的兵力，明军在碧蹄馆之战的侦察部队，数量肯定是在三千以上的，列表如下：

姓名	官职	入朝时兵力
查大受	加衔副总兵	519 人
祖承训	副总兵	700 人
孙守廉	副总兵	702 人
李宁	副将	——
张应种	游击	与李宁合计 1189 人
高升	游击	1000 人（出自《象村稿》）
胡鸾	游击	不明

▲ 明军将士（二）

　　因此，明军侦察队的实际兵力三千五百无误，加上后续李如松、杨元的两批援军，明军投入的兵力应该是五千五百人。

　　至于明军在碧蹄馆之战的死伤人数，鼓吹得最厉害的仍是日本史料。最夸张的是伪书《天野源右卫门觉书》，说明军三十万全军覆没。其次是《史料稿本》收录的一则伪文书，说日军斩首明军五万一千七百零一人。这两则对明军死伤数字最为夸张的"史料"，其实还是后人作伪的资料，姑且可以不论。但在非作伪性质的史料中，日本人仍大肆鼓吹，不改其本性。如毛利家臣志道广行编纂的《毛利家记》，称日军在碧蹄馆之战杀死明军五万人；《太阁记》收录的《宇喜多秀家注进状》，则显示宇喜多秀家在碧蹄馆之战结束后写信给安威摄津守，提及在碧蹄馆之战击败百万明军，斩首三万八千余级，同样极其夸张；其他日本史料大多也是明军至少死亡一万人，稍微"客气"一点的也称明军死了六千人，这一数字虽然相比三十万、五万一千七百零一、五万、三万八千要少得多，但是仍然超过明军实际兵力。

最离谱的是饭田忠彦的《大日本野史·外国传》，此书抄录各种史料，用来写碧蹄馆之战，但是没有进行仔细校勘，结果前面称明军兵力只有三千人，后面却写了明军阵亡数万人，暴露马脚，闹出了大笑话。

虽然日本史料无一例外吹嘘得天花乱坠，但当时日本人对明军的实际损伤还是清楚的。碧蹄馆之战结束后，丰臣秀吉写感谢状褒奖立花宗茂，提到明军阵亡数百人，可见他得到了相对准确的情报。朝鲜官方史料《宣祖昭敬大王实录》的正文，也是称明军在碧蹄馆之战被杀数百人。根据李如松战后写的报告，明军在碧蹄馆之战一共战死二百六十四人、伤四十九人，马匹死亡二百六十七匹。从明、日、朝三国第一手资料来看，明军在此战实际战死数百人是无疑的。

日军在碧蹄馆之战出动的总兵力，事实上并没有非常准确的记录。《日本战史·朝鲜役》推算出来的总兵力是四万一千人，但推算方法很不严谨，无非是把相关日军部队进入朝鲜时的兵力全部加起来，没有考虑这些部队在战前的伤亡。对此，前文已经指出过。在有限的几份亲历碧蹄馆之战的当事人记录中，《吉见家朝鲜阵日记》记载的是四五万人，李如松战后报告的是五六万人。

至于日军在碧蹄馆之战的死亡人数，李如松在报告中称斩首一百六十七级。宋应昌的《经略复国要编》认为，这还不包括后续因受伤而死的日军，实际死亡的日军是被斩首的好几倍。原文记载："（明军）士马虽有损伤，然亦斩级一百六十七颗。其余中箭带伤、相继死于王京者，实数倍焉。"

日本史料中，一般称日军的阵亡人数在百余至三百之间。在大多数史料中，这部分阵亡者都来自打头阵的立花宗茂部队。《松浦家世传》的记载很有意思，此书虽记载日军阵亡人数只有三十九人，却说日军在此战负伤的人达到七百四十三人，这一数字透露了此战的激烈，也可从中窥见日军在碧蹄馆之战的实际阵亡人数，远远不止其所说的只有三十九人。关于日军的损失人数，德富苏峰的《近世日本国民史·朝鲜役》一书认为，日军的死、伤人数加起来共有两千人之多。笔者认为，日本人不会平白无故抹黑自己，这一个数字应该是最接近事实的。

▲ 碧蹄馆之战绘图

　　对于日军在碧蹄馆之战的死亡人数，有学者提出了阵亡五千多人的说法，这是最大的一个估值，该说法有较为广泛的影响。提出这一个数字的学者，其依据非常简单。无非是拿部分日军部队在 1592 年刚登陆朝鲜时的兵力，减去这些日军部队在 1593 年 3 月于王京统计出的剩余兵力，便得出了日军在碧蹄馆之战阵亡五千多人的结论。相关学者进行对比的表格如下：

（单位：人）

部队	1592 年 7 月末	1593 年 3 月 20 日
黑田长政	8000	5269
小早川隆景、小早川秀包	10000	9552
立花宗茂、高桥统增	3200	1132
筑紫广门	900	327
合计	22100	16280

　　但是，这一种统计方式是严重错误的，并不严谨。相关学者依据的数字样本，来源于旧参谋本部的《日本战史·朝鲜役》，但是在抄录此书数据的时候就发生

了误抄。比如，《日本战史·朝鲜役》原文，写黑田长政在1592年的入朝兵力是五千，而相关学者抄录成了八千，并用误抄的八千这一数字，减去次年在王京统计出的黑田长政部队五千二百六十九兵力，得出黑田军在碧蹄馆之战损伤二千余人的结论。用一个误抄的数字做减法，便得出黑田军死伤二千余人的结论，这样草率的论证过程非常荒唐可笑。事实上，黑田军在王京统计出的兵力，比一年前入朝时有增无减，根本不可能计算出他在碧蹄馆之战的损伤程度。更不可能通过此，得出日军在碧蹄馆之战阵亡五千余人。

只要对照王京日军在1592年入朝时候的兵力，与1593年3月在王京统计出的兵力，以及同年5月攻打晋州城时的兵力，就能知道相关日军兵力根本是有增无减，比入朝时还多。经笔者统计，王京日军在前后三个阶段的兵力分别如下：

（单位：人）

部队	1592 年	1593 年 3 月	1593 年 5 月
大谷吉继	1200	1505	1535
石田三成	2000	1546	1646
增田长盛	1000	1529	1624
加藤光泰	1000	1400	1097
前野长康	2000	717	922
小西行长全军团	18700	6626	7415
黑田长政	5000	5269	5812
大友义统	6000	2052	——
立花宗茂	2500	1132	1033
筑紫广门	900	327	327
宇喜多秀家	10000	5352	7785
小早川隆景、吉川广家	10000	9552	6598

从上表可以看出，至少大谷吉继、石田三成、增田长盛、加藤光泰、黑田长政这五组部队，后来的兵力比刚入朝时要多。而这五队都参与了1593年1月的碧蹄馆之战。所以，并不能用1592年日军刚进入朝鲜时的人数，减去1593年3月统计的人数，得出碧蹄馆之战伤亡多少人，这种计算方法是错误的。

　　笔者认为，碧蹄馆之战时的王京日军数万是有的。至于死伤人数，应依据《近世日本国民史·朝鲜役》，有约两千人。是战，立花宗茂、小早川隆景、黑田长政、吉川广家、石田三成、大谷吉继、小西行长等在日本称得上是名将、名臣的部队倾巢而出，以占绝对优势的兵力包围五千五百名明军，结果明军逃逸，且日本自身伤亡两千人，说明了日本战国的军队极度无能。

碧蹄馆之战的火器

　　碧蹄馆之战除了双方兵力、死伤人数存在争议外，两军使用的武器装备也有很大争议。长久以来，人们的普遍印象是，明军在碧蹄馆之战未携带和使用火器，只持钝劣的短剑，因而面对日军的利刃吃了很大亏，进而导致败北。这一说法来源于柳成龙的《惩毖录》："时提督皆北骑、无火器，只持短剑钝劣。贼用步兵，刃皆三四尺，精利无比。（明军）与之突斗，（日军）左右挥击，（明军）人马皆靡，无敢当其锋者。"此后，许多朝鲜和日本的史料深受《惩毖录》的影响，继承了这一说法。

　　但朝鲜官方史料《宣祖昭敬大王实录》的记载推翻了《惩毖录》的说法。《宣祖昭敬大王实录》记载："时南浙炮兵俱未及到，只有手下精骑千余。提督即麾已到之兵进阵于野，与贼对阵。先放神机箭，初一交战，贼少却……""（李）德馨曰：提督挺身独进，火炮诸具并不输去，只放神机箭……"这两个记载，都提到明军虽然没有携带重型火炮，但携带了神机箭这一火器，并非没有携带任何火器。

　　明朝史料也有提到明军在碧蹄馆之战曾使用过火器的蛛丝马迹。《憨山老人梦游集》记载："将军之子（招讨将军吴天赏）汝实……顷以倭奴犯东鄙，连兵数年，将军子实犹为两广制府参军。以司马公（陈大科）命往日本间谍之，关白果死，

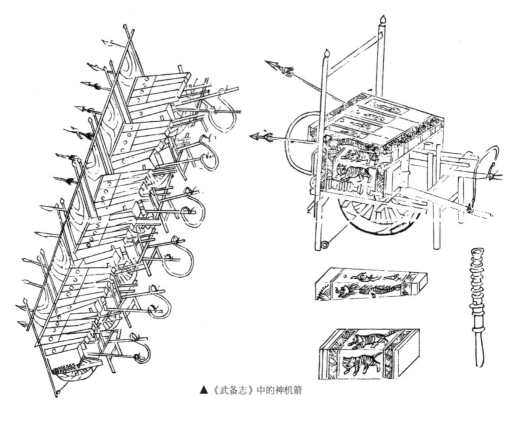

▲《武备志》中的神机箭

▼ 使用神机箭的场景（一）

▼ 使用神机箭的场景（二）

实乃携碧蹄所亡火器归，诸执事奇之。未及报命而朝鲜倭已退，后司马竟寝之。"
称明日战争末期，明朝两广总督陈大科曾派遣浙江绍兴人吴汝实潜入日本，打探
倭情。吴汝实在日本期间，得到了丰臣秀吉病亡的消息，于是携带明军在碧蹄馆
之战遗失的火器回国复命，官员们对此很好奇。这处记载明白无误表明，明军在

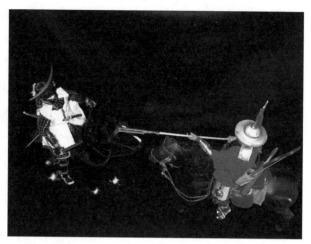

▲ 明军使用三眼铳　　　　　▲ 使用三眼铳模拟图

碧蹄馆之战使用了火器，并被日军俘获回国。

　　不少日本史料都有明军在碧蹄馆之战使用火器的记载。《吉见家朝鲜阵日记》记载："（明军）武具之事，铁炮玉口为三，三筒合为一筒，可以自由发射一次或三炮连发。"这是指明军骑兵装备的三眼铳。《近世日本国民史·朝鲜役》根据《吉见家朝鲜阵日记》的记载推测，认为明军平时装备三眼铳，在碧蹄馆之战时也必然使用了。此外，在据称是立花宗茂的家臣天野源右卫门所著的《天野源右卫门觉书》一书中，记载了明军在碧蹄馆之战一开始就用"大筒"轰击立花宗茂的先阵十时传右卫门，"在硝烟弥漫中，震天动地地呐喊着攻过来"，使十时传右卫门因为伤势过重而战死；在之后的战斗中，明军又用"大筒"轰击小早川军的先阵，"合起拍子鸣响大鼓，放起大炮，升起黑烟蜂拥而来"，使小早川军先阵败走。按照《天野源右卫门觉书》的记载，明军在碧蹄馆之战刚一开打就使用了重型火炮，一度将立花、小早川打得措手不及。

　　不过遗憾的是，据相关人士考证，《天野源右卫门觉书》实际上是江户时代末期的日本人假托立花宗茂的家臣天野源右卫门之名，伪造的史书。笔者也从《天野源右卫门觉书》记载的内容推出，这本书应当是伪书，不是天野源右卫门亲笔撰写的。首先，此书在开头回顾了立花宗茂的养父立花道雪的战功，称立花道雪曾在筑前多多良滨之战以两千人打败毛利四万大军。笔者瞥见此书这段记载，就断定此书是伪书。因为在第一手史料中，大友家记录当时两军战斗的地点是在"长尾（原）"，毛利家则记录是在"立花（城外）"，当时都并没有"多多良滨之战"的称呼。"多多良滨之战"直到江户时代中期，才在日本人编写的各种九州军记出现。而且在历史上，"长尾原之战"（或立花城外之战）实际上是大友军（立花道雪）被毛利军击败，并不是立花道雪打败了四万毛利大军，只有江户中期以后的各种九州军记才把这一仗给说成了立花道雪打了胜仗。《天野源右卫门觉书》应该是被江户时代中期后的九州军记误导，露了马脚。

其次，《天野源右卫门觉书》提到了碧蹄馆之战的明军主将李如松的名字，但事实是，当时的日本人并不知道李如松的名字，即便是小濑甫庵的《太阁记》也只称李如松为"李郎耶"，不知其真名。直到《惩毖录》《两朝平攘录》等汉文史料流传到日本后，日本人才知道碧蹄馆之战中明军将领的真名。此外，《天野源右卫门觉书》还犯了一个大错，足以证明此书是伪书。这书称明军一开始就用"大筒"轰死了立花宗茂的家臣十时传右卫门，然后间隔了十列字以后，明军又用"大筒"炮轰了小早川军的先阵，在这个段落后，十时传右卫门竟然在书中"诈

▲ 明军

尸"，死而复生向立花宗茂通报敌情去了。种种痕迹都表明，《天野源右卫门觉书》是一部后世人写的伪书，前后矛盾，并不能够当作第一手史料来参考。

不过，据称是立花宗茂家臣荐野增时撰写的觉书《宗茂公朝鲜军之次第御物语觉》，与《天野源右卫门觉书》有类似的内容，也提到了明军使用"大筒"轰击小早川军（原文写毛利军），使其先阵败北。但与伪书《天野源右卫门觉书》不同的是，此书并未提及明军用"大筒"轰击立花宗茂军的先阵十时传右卫门。据称是立花军从军者鸟取次郎兵卫尉撰写的《手记觉书》，同样提到了立花军先阵十时传右卫门战死，但未提及他是因为遭到明军"大筒"轰击而死的。

如果以上这两份觉书确实是当事人荐野增时、鸟取次郎兵卫尉亲笔记录，而非后人伪造的，那明军在碧蹄馆之战的主要阶段，应当是使用了重型火炮，也就是日本人称的"大筒"。但依照两份觉书的内容看，明军只对小早川军了使用重型火炮，并没对立花军使用。根据当时的地理看，明军和立花宗茂交战是在砺石岭，与小早川隆景交战时已退到砺石岭后方的碧蹄馆，并不是同一个地方。而"大筒"作为一种重型火器，在明军从砺石岭仓促撤兵的情况下，不可能和骑兵一样来去自如，在砺石岭轰击了立花军后又迅速到碧蹄馆再轰击小早川军。

《宗茂公朝鲜军之次第御物语觉》是以立花方视角观察的史料，提到明军用"大筒"击败小早川军先阵。这一点和《义弘公御谱》可以对上，《义弘公御谱》称小早川隆景的先阵粟屋四郎兵卫、井上五郎兵卫迎战明军，但先后败退。可见，《宗茂公朝鲜军之次第御物语觉》的记录相对而言是有道理的。明军的"大筒"应该是在碧蹄馆，只在那里轰击了小早川军，没有在砺石岭轰击立花军。基于此推测，伪书《天野源右卫门觉书》可能是在《宗茂公朝鲜军之次第御物语觉》等立花家臣、从军者的觉书基础上改编创作的，所以出现了明军用"大筒"轰击十时传右卫门的段落。

朝鲜史料《可畦先生集》记载："（二月）十四日，闻天兵先锋到碧蹄，被围于设伏之贼。天兵善于大炮，一能当百，四面急攻。贼还入城中，尽杀都民……"也记载了明军在碧蹄馆之战使用大炮，可以佐证《宗茂公朝鲜军之次第御物语觉》。这一记载虽然称明军在碧蹄馆之战用大炮，但是却说明军击败日军，将日军驱逐进了王京城，这一点与事实严重不符。《可畦先生集》是亲历壬辰倭乱的朝鲜人所著，碧蹄馆之战的内容是根据当时社会传闻所写。因此可以推断出，当时的社会传闻已有明军在碧蹄馆之战使用大炮的说法。

无论如何，明、日、朝三国史料都提到明军在碧蹄馆之战使用了火器，柳成龙《惩毖录》的说法是错误的。

碧蹄馆之战的大将军炮

可以确认明军在碧蹄馆之战使用了火器，至少包括神机箭、三眼铳，但对是否使用了"大筒"仍存在争议。日本史料《宗茂公朝鲜军之次第御物语觉》、朝鲜史料《可畦先生集》都提到了明军在碧蹄馆之战的主要阶段使用了"大筒""大炮"这类的重型火炮，但与朝鲜官方史料《宣祖昭敬大王实录》一再提到的"时南浙炮兵俱未及到，只有手下精骑千余"，"提督挺身独进，火炮诸具并不输去，只放神机箭"，"炮手及诸军在后，兵势不重，不能剿灭"不符合。《宣祖昭敬大王实录》认为，李如松当时只携带了神机箭，并没有携带重型火炮，这与《宗茂公朝鲜军之次第御物语觉》《可畦先生集》不同。

对于这一点，日本历史学者有马成甫在《火炮的起源与其流传》一书中称："文禄征韩之役，小早川隆景于碧蹄馆获战利品铁制大炮二门。"20世纪前期，有马成甫在日本的游就馆见到了这两门天字大将军炮。他据此撰文，其中一门大炮上面刻的铭文为"皇图巩固、天字陆拾玖号大将军、监造通判孙兴贤、二贯目玉、万历壬辰仲秋吉日、兵部委官、千总杭州、陈云鸿造、教师陈雄、铁匠徐玉"。该门炮口径为11.9厘米、长142厘米。另一门大炮上面刻的铭文为"皇图巩固、天字壹佰叁拾伍号大将军、监造通判孙兴贤、二贯目玉、万历壬辰、孟冬吉日、兵部委官、千总杭州、陈云鸿造、教师陈雄、铁匠刘渥"。该门炮口径为11.3厘米、长143厘米、膛长122厘米、壁厚4.4厘米，重约二三百斤，炮身有九道加固箍。另据黑田源次《神机火炮论》一文介绍，该门火炮的炮身是厚皮圆筒状的，在炮身上的九道加固箍宽5厘米、高1.2厘米。

有马成甫、黑田源次在撰文介绍这两门天字大将军炮时是20世纪中前期，这两门炮藏于日本的游就馆，现今是否仍藏在游就馆，就不得而知了。从有马、黑

▲ 大将军炮

田二氏的介绍来看，小早川隆景应当确实在碧蹄馆之战俘获了明军的两门天字大将军炮，并运回了日本，否则有马、黑田二氏不会在日本的游就馆看到实物，并掌握这两门炮如此精确的信息。另据江户时代的周防人玉乃惇成撰写的《大将军炮图记》记载，日军还在朝鲜之役俘获了一门编号为贰拾伍号的天字大将军炮。由于这一史料的稀缺性，特将该史料的原文摘录于下：

> 是丰臣氏朝鲜之役，吾先君全光公（指吉川广家）所得之器（指天字大将军炮贰拾伍号）也。行状一如图样，用南蛮铁造，长四尺八寸，口径四寸，唇厚一寸五分，腹围一尺九寸一分，底径六村，重三百七十五斤。有耳便架，有环便提。火门无盖，照星、照门皆无。箍八而脱其一，第一箍勒"皇图巩固"四字，第二箍勒"天字贰拾伍号大将军"九字。第八箍勒"监造通判孙兴贤"七字。各一字横列腹上，勒"万历壬辰、季夏吉旦、兵部委官、千总杭州、陈云鸿造"二十四字，四字五行横列。腹后勒"教师陈胡、铁匠董世金"九字，四字五字二行横列。按大将军盖威远奋制，新制虽有不及，亦武备要具，岂可不宝重也哉？万历明神宗年号，壬辰其二十年，当皇朝后阳成帝文禄元年。至今文政八年乙酉，盖二百三十四年。而此器自中遗弃，埋没几亡矣。即今而后

复显焉，是一大快乐事，不可不识其由。讃州丸龟人土田喜重，以火术游历诸族，其名称关西。府下教室有坂某亦世其业，克究自家旁，求异问，卑辞招喜重，录名门藉师之。一日，喜重阅诸火器，及此愕然良久，谓诸众曰："是中华物，我足迹所到三十三州，未尝遇若此者"……

可见，日军在朝鲜之役缴获了不止两门天字大将军炮。《大将军炮图记》所称的全光公是指吉川广家，而吉川广家在朝鲜和明军作战的会战，只有1593年的碧蹄馆之战，完全可以确认是在此战俘获了一门天字大将军炮。而吉川广家俘获的这门大将军炮，其生产时间、产地、监修人员等信息，与小早川隆景俘获的两门大将军炮一样，可见小早川隆景在碧蹄馆之战俘获两门大将军炮的说法也是真实的。此外，前文提到的《憨山老人梦游集》，记载了浙江绍兴人吴汝实从日本带回了碧蹄馆之战被日军俘获的明军火器，既然如此重视，那这一火器应该就是天字大将军炮，而不应是三眼铳、神机箭这类火器。如果这一前提正确，那《憨山老人梦游集》的记载，便可以佐证《火炮的起源与其流传》《大将军炮图记》，证明日军在碧蹄馆之战俘获的天字大将军炮应该不止已知的这三门，实际应该更多，都是被日军缴获并运回了日本。

由上所述，日本史料《宗茂公朝鲜军之次第御物语觉》的记载应该是正确的，明军确实在碧蹄馆之战用了几门天字大将军炮轰击小早川军，一度使小早川军先阵败走，但后来战局急转直下，有几门炮被小早川隆景、吉川广家俘获，后被载回日本。再后来，浙江人吴汝实在日本从事间谍工作，把一门或一门以上被俘获的天字大将军炮带回了明朝，但在日本还留下了三门。

至此，可以明确明军在碧蹄馆之战中至少使用了神机箭、三眼铳、天字大将军炮这三种火器，无论是《惩毖录》记载的"时提督皆北骑、无火器，只持短剑钝劣"，还是《宣祖昭敬大王实录》记载的"提督挺身独进，火炮诸具并不输去，只放神机箭"都极具误导性。

在碧蹄馆之战，日军使用了他们擅长的铁炮是没有疑义的，有疑义的是日军是否也使用过大炮。根据《鹿儿岛外史》的记载："既天明，明军旌旗如云，兵来似潮满。隆景先会，而虽当奋战，众寡不适，渐殿却。明军齐进，蹑击。时萨兵看极明军之群头，辄大炮一齐连发，敌阵忽碎溃，明之骑兵悉倒毙。宗茂进兵横击如松亲队，隆景复返战，竟大破明军。萨兵尚进四轮炮车，望房之中坚，大将旗鼓天盖，而累发弹。一丸竟折如松马足，如松逆堕……"岛津义弘在碧蹄馆之战发生前，派遣部将有马重纯率领"大炮手一队、百兵"去帮助立花宗茂，有马重纯向明军放炮，打得李如松非常被动。

按照是书所述，岛津义弘派遣过去的部将有马重纯，在小早川隆景和李如松接战但不敌后，两次发炮轰击明军，让明军大吃苦头。但是，《鹿儿岛外史》成书于明治十八年（1885年），成书时间非常晚，不能作为史料参考。早于《鹿儿岛外史》成书的《征韩录》《岛津国史》这两部岛津家的历史书，虽然提及岛津义弘派遣有马重纯援助立花宗茂，但被立花宗茂回绝了。由此而言，《鹿儿岛外史》的内容应是在《征韩录》《岛津国史》等成书较早的岛津家史料上进行再创作的，并不是事实。

▲ 日本战国的铁炮足轻

碧蹄馆之战的剑

此外，明军是否在碧蹄馆之战用了剑也存在争议。《惩毖录》记载："时提督皆北骑，无火器，只持短剑钝劣。贼用步兵，刃皆三四尺，精利无比。（明军）与之突斗，（日军）左右挥击，（明军）人马皆靡，无敢当其锋者。"称明军在碧蹄馆之战中只用了短剑，没用火器，结果在与日本人交战时落入下风。对于明军没有火器一说上文已有结果的。至于用短剑，有学者认为，明军不可能在碧蹄馆之战持短剑作战："剑在明朝已经是个装饰品或礼仪用具……说北军持短剑是大有问题的。"但这一完全否认明军用剑作战的说法，值得商榷。朝鲜史料《象

▲日本战国武士（七）

村稿》记载 1592 年 7 月的第一次平壤之战时，明军千总马世隆就曾经持剑与小西行长的日军第一军团作战，原文是这样记载的："马世隆，辽东人，以祖副总（祖承训）千总，与史儒攻平壤，剑击杀贼甚多，竟被贼所杀。"朝鲜《五峰集》也提到在第一次平壤之战时，明军将士曾持剑作战，原文如下："天兵虽雨中轻进，不能快胜，而其登城驰马，挥剑善斩，则非我国人所及。"

朝鲜官方史料《宣祖昭敬大王实录》记载："倭贼四名，诈降于大丘营。一贼不意，用刀打副总李宁之腿上而走。刘副总盛怒，持大剑，走马追及，砍贼作三段，到其肺腑，又杀其三倭。"也记载了明军副总兵李宁曾用剑击杀三名日本人。明朝备倭经略宋应昌在公文《檄大小将领》中，也指示在朝鲜作战的明军将士对付日本人要换上大剑，原文："我兵在马上，倭兵在步下。我兵之刀短，倭兵之刀长。其势稍不相接，不得器械。是以卒与敌，须易以长枪大剑，以便搠刺。"以上这些都说明，明军在实战中是有用剑的。

在碧蹄馆之战，明军用了剑，日本人也用了剑。朝鲜史料《象村稿》记载："李有升，辽东铁岭卫人，随李提督出来。碧蹄之役，有一贼挥剑突战，几及提督。有升在傍，挺身扞贼而死，提督遂免。"称在碧蹄馆之战时，有一日军士兵挥剑逼近李如松，李如松的近卫李有升为此急忙保护，因此丧命。

当时在朝鲜战场上，有日本人用剑作战的大量记录。当今，受日本电子游戏、影视剧的影响，人们一般认为战国时代的日本人在实战中一般使用的武器是长枪、铁炮、弓箭等，但事实上，日本人也有使用剑等其他武器。在朝鲜史料中，留下了大量日本人用剑作战的记录。由于当时明朝人、日本人都将剑运用于实战，因此让朝鲜人发出了"川兵剑术、倭人剑术，并不可不学"的感叹。如果剑已经完全沦落为明军依仗用具的话，朝鲜人是万万不可能有如此想法的。

碧蹄馆之战的甲胄

除此之外，明军是否在碧蹄馆披戴甲胄也是个有争议的问题。根据《宣祖昭敬大王实录》的记载，明军在碧蹄馆之战时"全无器械甲胄、徒手搏战"，完全是赤手空拳在战斗。不过，这一点与朝鲜大臣李德馨的证词完全不同。碧蹄馆之战结束后，朝鲜国王李昖询问李德馨，是否有收聚明军在碧蹄馆之战的遗弃之物，李德馨回答："李苹军得军粮若干、甲二百余部，纳于提督，则提督只留甲十余部，其余则还给矣。"也就是说，碧蹄馆之战结束后，朝鲜军捡到了明军丢弃的军粮和甲胄二百余部，并且要还给李如松，但李如松只收下了其中十余部甲胄，其余都给了朝鲜人。李德馨的证词，足以证明明军在碧蹄馆之战是披甲的。

李如松在之后的报告中也提到"游击李宁争前杀贼，当被砍伤左手，铳子击穿左胁甲叶，未曾重伤"，说李宁甲胄的叶片被日军的铁炮射穿，但没受重伤。这一句话也体现明军将士是披了甲的。

据称是钱世桢所著的《征东实纪》记载："二十六日黎明，忽见李宁、孙守廉、祖承训率提督公家丁三千余人，披甲乘马而出城。"也提到了明军在碧蹄馆之战披戴甲胄。据此可知，明军至少有三千余人披甲。不过，《征东实纪》事实上是清末文人假托钱世桢之名创作的伪书，此书开篇就是"明万历二十二年壬辰之春"，暴露了这是伪书。作为一个生活在明朝、病逝于明朝的人，钱

▲ 日本战国武士（八）

世桢没有任何理由在"万历二十二年"这几个字之前再加一个"明"字，这只能说是后人伪造的。此书还在一些事情上露了马脚。在书中，"钱世桢"自称他接待过日本使者"小西飞骡守藤"（内藤如安），一起在釜山打过猎。但作伪者不知这是一个人的名字，以为是两个人的，就拆解成了"小西飞""骡守藤"，说接待了两个使者。这样蹩脚的作伪，很容易让人发现这是伪书。

在明末清初的藏书家黄虞稷所撰的《千顷堂书目》中，列有当时明人编纂的东征之役史料，有宋应昌《朝鲜复国经略要编》六卷、邢玠《东征公议》四卷、萧应宫《朝鲜征倭纪略》一卷、刘黄裳《东征杂记》、吴绍勋《王公东征纪略》一卷、王士琦《封贡纪略》一卷、杨伯珂《东征客问》、熊尚文《倭功始末》、沈思贤《经略复国情节》二卷，以及不知作者的《东事纪实》《东封始末》《关白据倭始末》一卷，唯独没有《征东实纪》，令人大生疑窦。《征东实纪》一书，现存最早的刊本是清朝光绪十九年（1893年）的徐士恺校勘本，没有明刊本存世，因此很可能就是清末文人或者钱氏宗族利用他们所见的明代史料伪造的。自然，《征东实纪》无法证明明军在碧蹄馆之战的披甲问题。

日本史料《户川记》《常山纪谈》也有提到明军在碧蹄馆之战披戴甲胄，并且甲胄很精良。它们称，宇喜多秀家麾下有位以大力著称的武士叫国富源右卫门，他用刀刃长三尺的太刀砍了敌人三次，都被弹了回来；他抽出佩戴的短刀瞄准对方的腹部捅过去，但完全捅不透。这一记载不仅体现了明军披戴甲胄，而且甲胄的质量非常好。至于日军在碧蹄馆之战时的甲胄功效如何，《柳川藩丛书》中的《碧蹄馆大战记》《隆景碧蹄里的战史》皆记载"敌之钝刀不能斩断我之甲胄"，给予了很高的评价。但是这两份资料成书都非常晚，不能作为史料，在成书较早的史料中找不到类似描述，因此不能拿来参考。

碧蹄馆之战的影响

碧蹄馆之战后，李如松丧失战意，大为消沉，甚至做梦经常遇到梦魇。加上明军缺乏粮食，李如松从前线的坡州撤退，渡过临津江回了开城，只留下副总兵查大受、游击将军毋承宣率领一千人留守在临津江岸。在这以后，李如松以日军将领加藤清正尚在朝鲜东北的咸镜道、可能会南下突袭平壤为借口，又率军从开城撤回平壤，只将游击将军王必迪留在了开城。碧蹄馆之战后，李如松一再退缩，可见此战对他的打击非常大。

　　获胜的日军也没有靠这次会战的胜利弥补了战略上的劣势。他们同样面临和李如松一样的难题：严重缺乏粮食，在碧蹄馆之战前就一直存在这个问题。在战前的一月二十四日，石田三成等奉行众就写信给丰臣秀吉，报告日军当前在朝鲜的军粮严重不足。日军在文禄之役的时候将战线拉得过长，后勤补给跟不上，而且运输路线时常被朝鲜人抄略，因此兵粮一直不敷，导致他们即使打了胜仗，也难以向前进取。

▲ 丰臣秀吉

▲ 明军将士（三）

　　王京南面有一座名为龙山仓的粮仓，但这只是杯水车薪，难以弥补日军在粮食上的严重匮乏。据宋应昌的《经略复国要编》记载，李如松派遣查大受率领一队死士，在二月份的时候纵火焚烧了王京日军的粮仓龙山仓，导致日军粮食匮乏，之后便撤出王京，遁逃海滨了。但这不是事实，《宣祖昭敬大王实录》明确指出这番话是谎话，后来日军撤离王京后，龙山仓还是完好的，并没有被焚烧。《惩毖录》也指出，朝鲜人曾计划在三月份的时候焚烧龙山仓，如果李如松已在二月派人将其焚毁，那断然不会有三月份的计划；且在日军撤出王京后，朝鲜人很快便去看守龙山仓，如果先前被焚，那就没有必要看守了。而且就实际地理看，龙山仓在王京城南，明军连王京都无法越过，怎么可能去烧位于王京南面的龙山仓。

日本近代的实证史学家星野恒有段精辟的见解，他认为："《明史》《两朝平壤录》《皇明从信录》诸书皆云，'李如松令查大受间道焚龙山仓，倭人遂乏食。'然《惩毖录》所不载。且柳成龙'四月二十三日分付诸人收拾京城状'中，有'龙山仓则令月串佥使看守'之语，则其不焚仓审矣。如松等耻无功，捏造是等事。

▲ 明军将士（四）

诸书从而录之耳，今不取。"明确指出焚烧龙山仓一事是李如松因为羞耻无功，所以才刻意捏造的，不是事实。

由于明、日两军同样缺乏粮食，同样难以进取，双方便相互开始摸索议和。曾经雄心壮志，想要吞并朝鲜、明朝的丰臣秀吉，这时候也不得不屈服于现实，痛下决心，同意前线的日军从王京撤离，退兵到补给稳定的朝鲜半岛沿岸地带。于是在碧蹄馆之战结束近三个月后的四月十九日（日本历十八日），日军在得到丰臣秀吉许可的情况下，从王京悉数撤兵，向朝鲜沿岸地区撤退。对于日军撤退的姿态，有两种截然不同的记载。成书于江户时代的日本史料《征韩伟略》记载日军"野次严警，步步为营，用分番休迭法以退"，显得极为小心谨慎。朝鲜官方史料《宣祖昭敬大王修正实录》的说法与此完全不同，说日军是大摇大摆撤退的，原文说："是月十九日，秀家等卷大军渡江，留仓米二万石，付提督差官沈思贤。清正挟两王子及宰臣，与汉官谢、徐二人以行。沈惟敬，自初从行长。诸贼将直

▲ 倭城

逾鸟岭，在道中作乐歌舞，以至海上。"较晚成书的朝鲜史料《燃黎室记述》也是类似说法："秀家行长等逾鸟岭，以惟敬及两君、金贵荣等骑马前导，聚中外美女、才人、歌儿、乐工，日夜作乐，以示凯旋。"

相对来说，《宣祖昭敬大王修正实录》的说法应是实情，因为日军将龙山仓的仓米二万石交付给了李如松的差官沈思贤，可见是与明军达成协议后撤退的，这一个说法也可从侧面证明李如松没有派人焚烧龙山仓。撤退途中，日军以锅岛直茂殿后，渡过王京南面汉江的舟桥，一路经过京畿道、忠清道，在五月份的时候撤退至庆尚南道的沿岸地带，各军团分布在蔚山、西生浦、东莱、釜山浦、金海、熊川、巨济等处，首尾相连十六屯，皆依山凭海筑城①，仍为久驻之计。

尽管日军仍未撤回日本，但前线的王京日军尽数撤退至朝鲜沿岸，显示出丰臣秀吉以灭亡朝鲜、明朝为目的而发起的文禄侵朝战争，从战略目标上来看已经失败。在此之后，日军和明军便进入了漫长的谈判议和阶段，谈判破裂以后，丰臣秀吉再次发兵侵略朝鲜。

---

① 日军撤军途中和撤退后的情形，出自《是琢朝鲜日记》《朝鲜阵记》《惩毖录》。

参考文献

[1] 北岛万次 . 丰臣秀吉朝鲜侵略关系史料集成 . 平凡社，2017.

[2] 五弓雪窗 . 事实文编 . 关西大学，1979.

[3] 东京大学史料编纂所 . 史料稿本·碧蹄馆之战史料 . 私人藏本 .

[4] 德富猪一郎 . 近世日本国民史·朝鲜役 . 民友社，1940.

[5] 渡边村男 . 碧蹄馆大战记 . 青潮社，1984.

[6] 旧参谋本部 . 日本战史·朝鲜役 . 偕行社，1924.

[7] 李光涛 . 朝鲜壬辰倭祸研究 . 中国台湾"中研院"，1972.

清初三藩之乱

作者 / 杨亮

一 吴藩倡乱

千人石上坐千人，

一半清朝一半明。

寄语娄东吴学士，

两朝天子一朝臣。①

云南昆明，康熙十二年（1673年）十一月月底的一天清晨，清平西王吴三桂

▲ 永历皇帝墓地

没有穿着大清官服，反而一身汉式缟素、头戴方巾来到了城郊永历皇帝的墓前，身后三军诸将皆是如此打扮。吴三桂在永历陵前亲自酹酒，三呼再拜，趴倒在地、恸哭不止，身后三军同悲、声震如雷。大放悲声的吴三桂几乎不能起身，而墓中之人、南明的最后一位皇帝——永历帝朱由榔——十年前正是被他擒获绞死的，现在他却拜倒在永历墓前痛哭流涕，这是为何？与其说吴氏是在哭故主，不如说他是在哭自己，他曾抛弃名节、卖力为清朝攻城略地、奋斗半生，换取了一顶王冠、一方属地，正希望在此永享富贵，却接到了朝廷的撤藩令。根据清廷的旨令，他将要回到荒凉的关

① 清代刘献庭《广阳杂记》中载：顺治间，吴梅村被召，三吴士大夫集虎丘会饯。忽有少年投一函，启之，得绝句云："千人石上坐千人，一半清朝一半明。寄语娄东吴学士，两朝天子一朝臣。"举座为之默然。吴梅村（1609—1672年）是明末清初诗人，为复社重要成员。崇祯四年（1631年），他以会试第一，殿试第二荣登榜眼，历任翰林院编修、东宫讲读官、南京国子监司业等职。明亡后，他不愿再当官，便辞官归里，曾写《圆圆曲》讽刺降清的吴三桂，但他在顺治十年（1653年）被清廷强招至北京，先后任清廷秘书院侍讲、国子监祭酒。吴梅村为自己降清出仕深感悔恨，于顺治十三年辞官还乡。

外，失去现在拥有的一切，连自身安危、子孙性命也不知能否保全，这一切怎能不让他悲从中来呢？

哭陵倡乱后的第二天，全身披甲的吴三桂在校场进行了一次声势浩大的阅兵，发出了一道讨伐清朝的檄文，宣布与清廷彻底决裂，并派人奔赴各地联络部将故交，并遗书平南、靖南二王和台湾的郑经，相约起兵，共击清朝。一场旷日持久、长达八年的藩镇变乱——三藩之乱——拉开了序幕。

吴三桂是明朝辽东人，锦州总兵吴襄之子。崇祯皇帝登基后开武科取士，不满二十岁的吴三桂一举夺得武科举人，后来被任命为明朝总兵官，在明末崇祯年间驻守辽东山海关等地，防备在满洲崛起的后金。崇祯十七年（1644 年）三月，已经席卷北方的李自成的农民军（大顺军）逼近北京，惊慌失措的崇祯皇帝朱由检急忙下诏加封吴三桂为平西伯，要他放弃山海关外的宁远（今辽宁省兴城市），火速前来救驾。但吴三桂"不为君亲来故国"[1]，他对势如破竹的大顺军心存畏惧，想保存自身实力，于是故意拖延，以致进军缓慢。从宁远到山海关总共两百余里路程，昼夜兼程疾驰一日可达，但吴三桂三月四日接到入援京师的圣旨，直到三月十六日才抵达山海关与山海关总兵高第会师。入关后的吴三桂又花了五天时间安置随军的家眷与迁来的民众，之后才率主力向北京进发。当他还在勤王的路上时，传来了李自成的大顺军攻破北京，崇祯皇帝吊死在煤山的消息，于是他立即调转马头，返回了山海关。

北京失守后，身在北京的吴三桂之父吴襄也投降了大顺军，被李自成封为侯爵的他还写信劝告儿子吴三桂也尽快归附大顺政权。除了动之以父子之情外，李自成还诱之以利，特意派遣降将唐通携带白银四万两前去犒劳吴三桂等人，并答应投降后给以"封侯之赏"。返回山海关的吴三桂已是腹背受敌、独木难支，他效忠的朱明王朝已经覆灭，现在西有气势如虎、如日中天的大顺军，东有仇杀数十年、虎视眈眈的清朝——权衡利弊后，他认为"吾与北兵（指清军）结仇深，势难归北"，最后决定投降同为汉人的大顺政权。于是他写信回复父亲：本来"国

---

[1] 出自吴梅村的《圆圆曲》。

▲ 陈圆圆画像

破君亡，儿当以死相报"，可如今父亲谆谆教导，儿子应当遵从父命，做个"孝子"。给自己找了个台阶下后，吴三桂将山海关的防务移交给了前来接洽的唐通，率军再次向北京进发，准备朝见新主。

谁料三月二十四日吴三桂行至玉田县时，得知吴家在北京的家产被大顺军抄掠、父亲吴襄被拘捕并被严刑拷问追饷二十万，家属被虐待，自己的爱妾陈圆圆被大顺军将领刘宗敏强占后，立马改变了主意。他怒火中烧地对部下说道："我不忠不孝，尚有何颜面立于天地间！""此仇不可忘，此恨亦不可释！"并发誓与大顺农民军誓不两立。怀着满腔怒火的吴三桂杀了个回马枪，驱逐了唐通所部八千人，于四月初四重占山海关。

"吴帅旋关日，文武尽辞行。士女争骇窜，农商互震惊。"[1]形势突变使大批明朝乡绅大为惊骇，一时搞不明白到底发生了什么事。重返山海关的吴三桂在回复父亲的信中怒道："父即不能为忠臣，儿安能为孝子！"并宣布："桂与父绝，请自今日，父不早图，贼虽置父于鼎俎旁，桂不顾也。"但他手中仅有五万兵力，根本不足以与大顺军抗衡，现在他只有一个选择，那就是投靠关外的清朝，摆脱两线作战的困境。于是，他决定引清兵入关，效法唐朝向回纥借兵平定安史之乱，向清军"借兵"复君父之仇。

掌握清朝大权的摄政王多尔衮得知吴三桂来投的消息后大喜，立即率领十万大军南下，清朝两代君主虽多次深入明朝腹地劫掠，但都被山海关所阻。此前清朝曾三番五次诱劝吴三桂投降，甚至动员降将、吴三桂的舅父祖大寿进行规劝，

---

① 出自佘一元的《叙旧事诗》。

但吴三桂不为所动。现在吴三桂主动献关来归，清军不费一兵一卒就可入关，夺取中原的夙愿即将实现，多尔衮不由得惊喜交加。在信中，吴三桂称自己兵少力微，无法与大顺军抗衡，故而以"亡国故臣"的名义向清朝"借兵复仇"，并许诺"攻灭流寇"后清军可以得到大量金帛子女，明朝还会"裂土以酬"。

多尔衮在给吴三桂的回信中假惺惺地声称，听到"流寇"攻陷京师、"明主惨亡"的消息后"不胜发指"，正要率"正义之师"前去讨伐，"救民于水火"。对于吴三桂以明朝遗臣"借兵"的请求，多尔衮根本不予理睬，而是直截了当要他降清，并对他做出了"裂土封王"、"世世子孙永享富贵，如山河之永"的承诺。吴三桂根本没有讨价还价的余地——大顺军已经兵临城下，自己先后八次派遣使者前往清军营中请援，但抵达关外的多尔衮的清军还在游移观望，不肯马上参战。四月十二日清晨，已无退路的吴三桂亲自奔赴多尔衮帐中求援，并与多尔衮达成了协议，双方斩黑牛白马、折箭歃血，向天盟誓：吴三桂遵从满人风俗剃发易服，以示顺从，并承诺以黄河以北之地作为酬谢；多尔衮则进入了梦寐以求的山海关，"帮助"明朝讨平"流寇"、收复北京。

清军入关后与吴军在山海关外的石河内外夹击，很快击败了李自成的农民军，并乘胜追击夺取了北京城。山海关之战结束那天，吴三桂就被多尔衮封为平西王，但清方未允许吴三桂部进入北京城，而是命他绕城而过，领军继续西征，追击大顺军。之后，清军又分兵南下，席卷中原江南，降清的吴三桂见清兵势大，李自成败死九宫山，弘光、隆武等短命政权相继覆灭，南明永历帝四处逃窜，清朝入主中原之势已成定局，便知趣地不再提复明之事，彻底投降了清朝。

被封为清朝的平西王后，吴三桂开始率兵协助清攻打农民军及南明军，由陕甘入川滇，立下了汗马功劳。南明最后一个皇帝永历帝逃至缅甸，也于康熙元年（1662 年）被吴三桂擒获处死。吴三桂因此被破例晋升为亲王，成为汉臣中的第一人。[①]

除吴三桂外，被封王的还有早在崇祯六年至七年（1633—1634 年，后金天聪

---

① 清朝有九等爵位，分别是：亲王、郡王、贝勒、贝子、镇国公、辅国公、镇国将军、辅国将军、奉国将军。

七年至八年）间降清的汉将孔有德、耿仲明和尚可喜三人，孔、耿、尚三人原在皮岛①的明东江总兵毛文龙手下为将，被毛文龙收为"义孙"②，抗击兴起于东北的后金。后毛文龙被蓟辽督师袁崇焕借故诛杀，孔有德与耿仲明感念毛文龙的知遇之恩，心中十分不满，加上得不到上级重用，二人就投奔了山东登莱巡抚孙元化。崇祯四年（1631年）八月，清太宗皇太极率清兵攻大凌河城（今辽宁省锦县现为凌海市），明将祖大寿受困城内。孙元化急令孔有德以八百骑赶赴前线增援，但谁也没想到，孔军路经河北与山东交界处的吴桥（今河北省沧州市吴桥县）时竟因为一只鸡导致了一场兵变，从而也改变了历史的走向。

闰十一月二十七日，孔有德行至吴桥时因遇大风雪，部队给养不足，手下士兵都饥饿难耐。山东兵与登州辽东兵素来不和，吴桥县人又惧怕军队抢劫，纷纷闭门罢市，以至于士兵们无处就食。一个小兵抢了当地望族王象春家仆的一只鸡打牙祭，王家有人在朝做官，自然不会忍气吞声，于是依仗权势要孔有德给个说法。迫于压力，孔有德只得将肇事的士兵穿箭游营③。这下士兵们大为不满，纷纷觉得王家欺人太甚，群起闹事杀死了王家的家仆。这样一来，王象春家更加不依不饶，坚持要孔有德对带头闹事的士兵严惩不贷。孔有德只得将士兵正法。此举立刻引得全军激荡悲愤，这一幕恰好被孙元化派遣到西北边塞买马的千总李九成看到，嗜赌如命的李九成已经在赌局上输光了全部公款，恐怕遭到军法处置，正在盘桓如何交差，看到士兵们群情激奋，自思"反亦死，不反亦死"，于是唆使自己的儿子李应元与孔有德发动兵变。孔有德见形势不好，若不顺从自身难保，只好发动兵变，自称都元帅。纵兵洗劫、屠戮了王象春家后，他又杀回山东，兵围登州，并与城中的耿仲明里应外合，占领登州城、活捉了孙元化。崇祯六年（1633年）二月，在围攻莱州数月不克，遭到明军反击后，孔有德与耿仲明率所部两万人突围，渡海逃往辽东，投降了明朝的敌人后金。

投降后金后，孔、耿二人受到了很好的礼遇，以"招徕汉人、以汉制汉"为

---

① 位于鸭绿江口东之西朝鲜湾，又名椵岛，今属朝鲜。
② 其中，因尚可喜之父尚学礼与毛文龙是结拜兄弟，所以尚可喜被毛文龙收为养子。
③ 用军棍责打后在耳朵上插箭游街，是仅次于斩首的重刑。

▲ 皇太极

国策的皇太极不但亲率诸贝勒出城十里去迎接他们，还授予二人高官厚禄，孔、耿二人所率之兵也被编入汉军正黄旗，号"天祐兵"。

另一明将尚可喜颇有谋略胆识，但受到继任的东江总兵沈世魁的猜忌和陷害，非常愤怒，仰天长叹："吾束发行间，海上立功，血战十余年，父母兄弟妻子先后丧亡，出万死一生，计不过为朝廷追亡逐叛，而冒功忌能之人，乃出力而挤之死地！今权归（沈）世魁，欲杀一营将，如疾风卷叶，特易易耳。大丈夫将扫除天下，宁肯以七尺之躯俯首就戮乎！"走投无路之际，尚可喜也于天聪八年（1634 年）二月携麾下诸将与辖下的五岛军资器械，航海投降了后金。皇太极对他的归降大为欣喜，亲自出城十里迎接，因为尚可喜带来了大批火器大炮，还有许多能熟练使用大炮的士卒和会铸炮的工匠，这些正是后金急需的。尚可喜所部后来被编入汉军镶黄旗，所部号为"天助兵"。孔、耿、尚三人的归降带来了大批汉人，对安抚辽东地区的汉人民心起到了重要作用，并使后金实力大增。皇太极也开了封异姓人为王的先例——孔、耿、尚三人被皇太极分别封为恭顺王、怀顺王和智顺王，成为清军攻明的急先锋，为清政府攻城略地，出力甚多。

清朝重用这些明朝降将，依靠汉兵充当前驱，也是因为八旗兵力不足，不能独自对付农民起义军和南明小朝廷的反抗。在众多的明朝降将中，以孔有德、耿仲明、尚可喜、吴三桂四人出力最多，所以均受封为王。他们率领的军队也成为八旗以外的重要力量。

消灭南明势力后，清朝把八旗主力放置在北方，以保卫京师及驻防各处要地城池，由于兵力不足，加之满兵不适应南方的炎热气候，还不稳定的南方则暂让

▲ 尚可喜像，约翰·纽霍夫（Johan Nieuhof）绘于1655年

吴三桂等汉人降将镇守。其中，平西王吴三桂镇守云南，兼辖贵州；平南王尚可喜镇守广东；靖南王耿仲明因部属犯下藏匿逃犯罪，于顺治六年（1649年）畏罪自尽，他死后其子耿继茂承袭了王爵，镇守福建。除了这三藩王外，还有定南王孔有德，但他在顺治九年（1652年）同南明大将李定国作战时被围于桂林，兵败城破后自焚而死，其幼子孔庭训也被李定国杀死，所以无人袭封，仅有一女孔四贞嫁于其属下孙延龄。清廷即以孙延龄为将军代领孔有德原部人马，驻守广西桂林。

上述汉将在所镇守的地区权力甚大，远远超过了地方官员，并可掌控当地军队、税赋。平西王吴三桂功高兵强，四方精兵猛将多归其部下，清廷又擢升其部将王辅臣为陕西提督、李本琛为贵州提督、吴之茂为四川总兵，马宝、王屏藩、王绪等十人为云南总兵，势力尤其强大。

吴三桂负责镇守的云贵之地原为明朝黔国公沐氏世守的故地。明太祖朱元璋建立明朝、平定云南后，因云贵僻远，元朝余部和一些少数民族不时反抗，就留

（单位：人）

藩王	旗兵编制	绿营兵	合计
吴三桂	10600	21600	32200
尚可喜	3000	6000	9000
耿精忠	3000	6000	9000

注：表中仅是按清朝定制计算的兵额。实际上，三藩编制的兵马数目远远超过此数，有著述估计吴三桂的兵力就达七万人。

下大将沐英镇守。沐英智勇双全，在他的统辖下，云贵局势日益稳定，连为人猜忌寡恩的朱元璋临别时都亲切地用手扶着他的背说道："使我高枕无南顾之忧者，就是沐英你啊！"沐英死后，其子沐春袭爵，之后代代相传，到明朝灭亡时，与明朝相始终的"沐国公"已传到了第十二代。清廷在任命吴三桂镇守云南时，洪承畴就曾援引明朝沐氏世袭云贵之例，建议清朝命吴氏世守云贵，从而安定西南边疆。

天下大定之后，吴三桂也自以为曾为清朝立下汗马功劳、劳苦功高，清军入关时也曾许诺对自己裂土封王，所以他也认为平西王爵位可以世世代代传袭下去，令吴家的子子孙孙永享富贵，于是苦心经营云南。他初镇云贵之际，清廷授予他人事任免大权，连云贵督抚都受他节制。他还可以自由除授属下文武，不用经过吏部和兵部的批准，号称"西选"。于是"西选"之官遍及西南，以致时有"西选之官遍天下"之说。除此之外，吴三桂还积敛大量财富、大肆圈地、兼并土地和大兴土木修建宫室，为世守云南做准备。他不但占了明朝黔国公沐天波七万亩的庄园，还垄断了云南的矿山，遍征民夫为自己开矿铸钱，所铸铜钱流通西南各省，被称为"西钱"。仅康熙十年（1671年），他在云南昆明鸣凤山修建的"金殿"用了铜两百多吨。为聚敛财富，他还私自遣使至西藏，设茶马互市贸易并从中征取关税。

除了紧抓财政大权和人事权外，吴三桂还不遗余力结党营私，用金钱和权势培植势力集团，不仅将重金赠予士人、同僚、部属、师友，还用重金收买大小官员，使其为己所用，以至于云南民间有谚语云："滇中有三好，吴三桂好为人主，士大夫好为人奴，胡国柱好为人师。"除了结交清朝官员外，吴三桂也与清室联姻，他的儿子吴应熊被朝廷召为额驸，娶了公主。于是，吴三桂自以为根蒂日固不可拔，朝廷不会从他手中夺去云贵。

▲ 吴三桂在云南修建的铜殿

福建靖南王耿继茂于康熙十年病死后，其子耿精忠袭封王爵。耿精忠经商和经营农庄，"以税敛暴于闽"，还指使部下"苛派夫役，勒索银米"，并且放高利贷，本钱一两，利息每月是一至五六分，借贷者父母妻子都要画押，而且只要借过一次就必须永远借款，若有不服全家都会被拘，在王府为奴打工还息，有妻女貌美的则勒令为娼。虽然清朝实行迁海政策，耿藩却不顾海禁，利用海运跟荷兰及南洋大搞走私贸易，从中牟取暴利。耿精忠还广集宵小之徒，借着"天子分身火耳"之谣，妄称"火耳者，耿也。天下有故，据八闽以图进取，可以得志"，渐有不臣之心。

另一藩王尚可喜则在广东令其部属私充盐商，抬高盐价，每年获利七八万两，又私市私税，连鸡、猪、蔬菜、水果都要收税。广州为对外通商口岸，尚藩垄断海外走私贸易，"每岁所获银两不下数百万"，人称"平南之富，甲于天下"。尚可喜对清廷比较忠心，但年老多病，将兵事交予其子尚之信。尚之信素来桀骜，招纳奸宄，罔利恣行，又酗酒嗜杀，所为所行日益不法。

三藩各据一方，互通声气、广布党羽，势力几及全国之半，实际上已成为割据势力。他们一面搜刮民财，还一面伸手向朝廷索取千百万的粮饷和经费，用于养兵、行政和生活开支。顺治十七年（1660年），仅云南一省的俸饷就达九百余万两，加上粤、闽二藩补贴给云南的粮饷的运费，一年饷银达两千余万两白银——而当年全国的军饷才一千七百余万两！粮食需两百万石，邻近诸省税收不足，则征调于江南，致使有"天下财赋之半耗费于三藩，天下兵员之半统于三藩"之说。

三藩尾大不掉让清廷十分担心，这时在位的是刚继位不久的康熙皇帝——年仅二十岁的爱新觉罗·玄烨，玄烨是顺治帝的第三子。顺治十八年（1661年）正月初七日，年仅二十四岁的顺治皇帝因患天花病死，临终前他接受了德国传教士汤若望的建议，将出过天花而具有免疫力的玄烨选为继承人，以遗诏的形式册立其为皇太子。初九，玄烨即皇帝位，成为清朝入关后的第二位皇帝。

▲ 少年康熙

▲ 鳌拜

　　康熙即位后因年幼，大权逐渐落到军功赫赫、号称"满洲第一勇士"的大臣鳌拜之手。康熙八年（1669年），已亲政的康熙决意铲除鳌拜，但鳌拜党羽遍布朝廷内外，行动稍有不慎，必将打草惊蛇，酿成大变。康熙不露声色挑选了一批身强力壮的亲贵子弟，在宫内整日练习布库（摔跤）。鳌拜见了，以为是皇帝年少，沉迷嬉乐，不仅不以为意，心中反暗自高兴。五月，康熙召鳌拜入宫觐见。鳌拜此前常出入宫廷，对这次召见便也不以为奇，于是毫无提防就进宫了。此前，康熙曾问身边练习布库的少年侍卫："你们都是朕的股肱亲旧，你们怕朕还是怕鳌拜？"大家齐声道："怕皇帝。"康熙于是秘密布置逮捕鳌拜事宜。等到鳌拜一入宫，他一声令下，众少年便一拥而上，鳌拜猝不及防，被摔倒在地，束手就擒。①

　　① 鳌拜被擒后，康熙命议政王大臣等审讯。大臣们审问后，宣布鳌拜犯了三十条罪状应处以革职、立斩。据法国传教士白晋记载，当时鳌拜请求觐见康熙，让康熙看他为救康熙祖父皇太极而留下的伤疤。康熙念及鳌拜屡立战功，且无篡弑之迹，遂对他宽大处理，免死禁锢，其党羽或死或革。康熙八年，鳌拜在禁所去世。

年仅十六岁的天子铲除专横跋扈的鳌拜、夺回大权后，对吴、尚、耿这三个异姓藩王久握重兵、在地方上形成割据势力的情况十分担心。康熙把三藩、河务、漕运列为亟待解决的三件头等大事，甚至书写下来悬挂在宫中的柱子上，夙夜为念。虽然康熙早有撤藩之意，但因为三藩势力太大，握有精兵猛将，又有大功，一时无力也无借口贸然撤藩，只能进行一些人事变动来削弱其力量。比如将吴三桂手下的党羽心腹云贵总督赵廷臣调往浙江任总督，大将张勇为宁夏提督，王辅臣为固原提督，李本琛为贵州提督，刘进忠为潮州总兵……而对弹劾吴三桂种种不法行为的大臣，康熙帝都给予处罚，以此安抚吴氏，打消他的疑心。

清朝虽然表面上实行"满汉一体"的政策，对满汉文武百官一视同仁，实际上还是满族贵族掌握了大权，六部首脑都是满人。一般地位的汉官，清廷还比较放心，但对身处显位又掌握军权的汉将就放心不下了。为了监视与控制这些位高权重的汉臣，清廷让他们把儿子送到京师来服侍皇帝。于是吴三桂之子吴应熊，尚可喜之子尚之信、尚之隆、耿继茂之子耿精忠、耿昭忠、耿聚忠都被送入京师。明面上朝廷是将这些入侍的"功臣"之子召为额驸，与其联姻，并给予优厚地位，极受恩宠，实际上是将他们作为人质扣留在京师，令这些手握重兵的汉臣小心谨慎为朝廷卖命，不敢心存叛逆之念。

俗话说"高鸟尽、良弓藏；狡兔死，走狗烹"，吴三桂等人也深知这一点，他们担心清朝如同历代王朝一样，在统一后大肆屠戮功臣，于是想方设法保住兵权。君臣之间各怀心事，吴三桂等藩王的儿子被留在京师做人质，他们正好利用这个条件探听朝廷的动向。吴应熊等人用重金买通朝臣替吴三桂说好话，并四处刺探消息，凡朝廷大小举动都"飞骑报闻"。吴三桂虽在千里之外，但朝中一举一动无不了如指掌。另一方面，吴三桂也主动交出部分权力，以消除朝廷对自己的疑心，如康熙四年（1665年）奏请裁去五千名云南士兵（实际上裁去的都是些老弱病残），康熙六年（1667年）又以"老眼昏花，精力日减"为由奏请辞去总管云贵两省事务，将部分人事权上缴。朝廷也不再像之前一样再三挽留，而是立即批准。君臣相互疑心，中央集权与地方割据势力之间的矛盾越来越激烈。

这层窗户纸终于在康熙十二年被捅破，这年三月十二日，年已七十岁的平南王尚可喜突然上疏请求归老辽东，希望留其长子尚之信继承平南王爵位继续镇守广东。原来尚可喜已年老，又与子尚之信不能相容——尚之信素来不守礼法，"刚而多虐，勇而寡仁"，他在京师入侍时曾跟他的七弟和硕额驸尚之隆一起饮酒，酩酊大醉后竟引刀刺伤尚之隆，左右急忙相救，尚之隆才保住性命。因尚之信为自己的兄长，尚之隆想将此事隐瞒下去，不料公主十分不忿，告到了顺治皇帝驾前。顺治帝大怒，欲严惩尚之信，后来还是尚之隆极力营救才得以免罪。经此变故，尚可喜担心留在京师充当侍卫的儿子犯法连累自己，就以年老多病需要照料为由，奏请让尚之信回到了广东。但尚之信回到广东后劣性不改，依然经常酗酒后凌虐下人，小则鞭打、大则杀死。平南王府中有专门养狗的狗房，一次尚之信生气，竟然将看狗的狗监杀了，割了其肉喂狗；又一次，尚之信看到一个大腹便便的下人，便说道："这大肚子里面肯定有宝贝。"竟然将这个下人的肚子剖开，令其当场毙命。尚可喜气急，下令将尚之信杖责三十，但尚之信仍不悔改，甚至常常醉酒后在他老子面前拿着刀比画，借着酒疯撒泼。尚可喜管不了他，担心他惹是生非，最终祸及自己，所以上疏请求归老辽东海城故乡，希望能够保全声誉，得一善终。

早在顺治皇帝在位时，尚可喜就曾表示过引退之意，但朝廷那时正值用人之际，一再挽留。而现在清廷有撤藩之意，却不好开口，此番尚可喜主动要求"撤藩"，正好给康熙皇帝提供了一个千载难逢的机会。经朝廷户、兵两部和议政王贝勒大臣集体商议，清廷以父亲健在、儿子承袭爵位之事没有先例，否决尚可喜的提议，但批准了他归老故乡的要求，并冠冕堂皇地申明："若留尚之信统兵留守广东，将使父子分离，朝廷实不忍心；况且藩下将士早年就与平南王同甘共苦，如今撤藩，造成他们两地分离，同样不合情理，所以应该全部迁往辽东。"

尚可喜的本意是自己携带部分家口和兵丁撤回关外故乡，把藩地和王爵传给长子尚之信，他虽然不喜欢这个长子，不愿意和其一起生活，但碍于封建礼法，又不能不让其承袭王爵。康熙帝却趁此机会诏令撤掉尚藩，将其兵权尽行削去。尚可喜见事已至此，无法挽回，只得俯首听命，服从接受了。

吴三桂和耿精忠得知朝廷同意尚可喜撤藩后惶惶不能自安，在京师的吴应熊探得朝廷意图后立即秘密派人驰往昆明，向吴三桂传话道："朝廷素来就怀疑王，尚藩、耿藩都已提出辞职奏疏①，而唯独王从没有提出辞职，朝廷对王的疑忌更深了。要赶快写奏疏，派遣使者送来，还来得及。"

吴三桂根本没有功成身退之念，不过他又担心朝廷猜忌日深，于是召集亲信和智囊商议，一部分人主张，不妨先提出请求撤藩的申请，看看朝廷的态度再说。吴三桂认为此主意可取，只要向朝廷表示一下自己并无异心即可，于是命幕僚刘玄初起草辞职奏疏。刘玄初原为大西军将领刘文秀府中的幕客，颇善谋划，大西军兵败后被吴三桂收留，充当顾问幕客，颇受信任。当吴三桂令他写奏疏时，他却不以为然，言道："皇上很早就想把王调离云南，只是难以开口。现在王若上疏，一定会朝上而夕准。尚、耿二王愿意辞职就让他们辞去，王可永镇云南，为什么要效法他们呢？王不可上疏！"这番话伤了吴三桂的自尊与自信，他听了十分恼怒，气冲冲地说道："我马上就上疏，皇上一定不敢调我！我上疏，是消除朝廷对我的怀疑！"

于是在康熙十二年七月三日，吴三桂向清廷上了一道自请撤藩的奏疏。几天后，为消除朝廷疑虑，靖南王耿精忠也上疏申请撤藩，吴、耿二人的申请乃迫于形势，试探朝廷意旨。但吴三桂与耿精忠低估了康熙皇帝，这位少年天子早已决意撤藩，吴、耿二藩主动提出要撤，正是他求之不得的事。但在经议政王大臣与户部、兵部共同讨论时，出现了两种不同的意见：以刑部尚书莫洛、兵部尚书明珠为首的众大臣认为机不可失，支持趁此机会撤藩；以大学士索额图和礼部尚书图海等人为首的大臣则认为吴三桂镇守云南以来，边疆稳定，若下撤藩令，吴三桂必反，所以反对。虽然两派意见相左，但大多数人都认为，如要撤藩，应当先撤尚、耿二藩，对势力最大的吴藩则暂时予以保留——耿精忠已属耿藩的第三代传人，他年轻功少、无威望，即使撤藩，他也无胆量首先发难。撤去尚、耿二藩等于先行剪除吴藩的羽翼，孤立吴氏，即使之后吴三桂发动叛乱，亦失两藩之助，也比较容易平定。但年轻气盛的康熙并未采纳大多数人的意见，他认为吴三桂之子、耿精忠诸弟都在京师宿卫，谅两藩不敢生乱，

---

① 康熙十年（1671年），靖南王耿继茂因病向朝廷提出辞职。

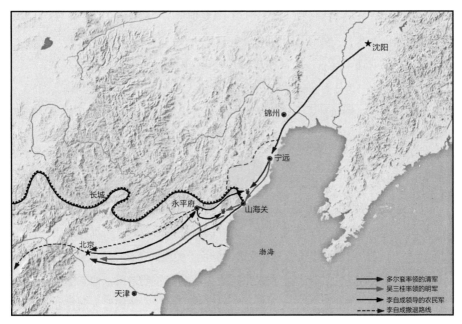

▲ 山海关之战（1644年）

况且三藩"蓄谋已久，不早除之，将养疽成患。今日撤亦反，不撤亦反，不若先发"，因而乾纲独断，决心借此机会一举解决三藩之患，于是下令三藩同撤，俱撤还山海关外。

吴三桂、耿精忠疏请移藩本来只是做个姿态，是迫于形势，并非本意。尤其是吴三桂，他自负劳苦功高，以为朝廷一定会挽留他，谁料康熙却来了个顺水推舟，使得他进退两难。当朝廷撤藩命令到达云南时，他犹如遭遇晴天霹雳，愕然失望。吴三桂此时已六十二岁，自三十二岁降清以来，已经过去了三十年，他本想仿效明朝沐氏，子子孙孙世代镇守云南、永享富贵，谁知到头来竟是一场空，数十年血战挣得的荣誉和利益即将化为乌有，不由得渐生愤恨。他的亲属与属下得知此事后也多愤愤不平，他们跟随吴三桂转战数十年，四海为家，直到康熙元年才迁到云南安定下来，刚刚广置田产过上安定舒适的生活，现在又要迁到荒凉的关外。很多人不但会失去政治上的特权，仕途也将告终，心中自然十分不满。

吴三桂的侄儿吴应期和女婿胡国柱、夏相国、郭壮图等人纷纷进言："王威望、兵势举世第一，戎衣一举，天下震动！只要把世子（吴应熊）、世孙（吴世霖）想法从北京弄回来，占领江南后可与清朝划地讲和，这就是汉高祖刘邦'分羹之计'也。如果就迁于辽东，他日朝廷吹毛求疵，我们只能引颈受戮！不如举兵，父子皆可保全！"为怂恿岳父举事，胡国柱又派人散布流言："北上河南、湖广，沿路设置刀斧手，埋伏地雷，专候王过时，杀戮无遗。"吴三桂手下有一谋士方光琛善于谋略，自比管仲、诸葛亮，他也趁机劝吴三桂："王欲不失为富家翁乎？一入笼中就任人烹饪矣！"并为其谋划，"闽、粤、楚、蜀、秦几省可传檄而定"，其他各省"战胜攻取，如指之掌"，支持吴三桂起兵。

吴三桂权衡利弊，知道做大清的忠臣，保住在云南的权势，二者已是不可兼得；加之认为康熙帝年少、乳臭未干，清开国时能征惯战的老将都已故去，自己已无敌手，于是决定铤而走险，举兵反清，但长子吴应熊和长孙吴世霖尚在北京，他如起兵，儿孙将有杀身之祸。夫人张氏也为此劝他不要造反，他老泪纵横地向胡国柱哭诉道："只恨应熊还在北京！"胡国柱于是建议秘密派人前往北京，把吴应熊与吴世霖从北京接回云南再作商议。

吴三桂的心腹到达北京后，吴应熊却不愿回云南，原来他的想法与吴三桂相反，他想的是"终守臣节，保全禄位"，反对父亲起兵造反。当他得知吴三桂已下定决心以武力抗拒撤藩时，又对是否回云南徘徊不定，他舍不得丢掉禄位，也不忍心背着妻子偷偷回云南，天天暗自哭泣。吴三桂派来的心腹见吴应熊优柔寡断、无意南下，只得秘密带了吴应熊的庶子吴世璠匆匆回了云南。

康熙不让吴三桂有喘息的机会，他在八月就连向兵部、吏部、户部发出了撤藩的指令，并命礼部侍郎哲尔肯等赴云南，户部尚书梁清标等赴广东，吏部侍郎陈一炳等赴福建，各持敕谕，分别同该省藩王与官员协商，负责该藩动身启程等事宜。

九月七日，作为钦差的礼部侍郎哲尔肯、翰林院学士兼礼部侍郎傅达礼抵达云南昆明东的归化寺，在这里，他们遇到了受吴三桂指示的庄民们的请命，这些群众演员公然请求将平西王吴三桂留在云南。哲尔肯大怒："吴王自请移家，你们谁敢说保留！？"并下令将为首的人逮捕，给了吴三桂一个下马威。吴三桂还未准备充分，又见来者不善，不敢仓促行事，只得暂时隐忍，一面恭恭敬敬拜受朝廷的撤藩诏令，一面暗地里加紧谋划。

吴三桂与部下商定了两种起兵方案：一是以云南为根本，在云南就地起事，进可攻退可守，但进攻北京则路途遥远；二是假意撤藩，行至河南时突然发难，占据中原腹心，出其不意直捣黄龙，攻取北京，但将云南交出便失去了根本，如果事有不测，将进退失据，而且中途作战时不好安置携带的家属。吴三桂思前想后，不愿舍弃已经苦心经营了十多年的云贵之地，于是决定实行前一方案。

哲尔肯与傅达礼到达云南后，同吴三桂商议启程日期，吴三桂采用缓兵之计，有意拖延，哲尔肯几次催问行期，他都闭口不谈。每次朝廷使者或云南巡抚朱国治前来询问启程日期，吴三桂都答复："缓商。"从不改词。直到十一月四日他才上疏朝廷，并向哲尔肯与傅达礼表示，十一月二十四日启程，全藩北撤。放出迷惑朝廷的烟雾后，吴三桂及其心腹加紧了谋划与准备，暗中部署兵马严守关口，封锁消息、禁遏邮传，只许入而不许出，并勾结他省旧部，又联络了耿精忠，准备起兵叛清。

商议起兵之名时，刘玄初提议："明亡未久，人心思旧，应立明朝后人，奉以东征，天下必定群起响应。"但另一谋士方光琛则持不同看法，他认为"当年出山海关乞师清兵，乃是自己力量不足；但后来永历帝逃亡缅甸，被王穷追不舍、擒获杀死，这如何向天下解释？以王现在的实力，立明室后人、恢复明朝容易，但成功之后，如何处置？篦子坡之事还能做第二次吗？"①吴三桂听了也觉得心虚，遂决定自立名号为"天下都招讨兵马大元帅"，并密寻工匠，刻铸大印，准备起兵。

云南巡抚朱国治等人侦知，立即向朝廷密报，谁料使者被吴三桂的巡逻兵丁查获。吴三桂得知事情败露，加紧准备。

对于吴三桂的拖延战术，云南巡抚朱国治毫不厌烦，每三日就来问一问行期，搞得吴三桂对他十分反感。虽然吴三桂已经定下了动身的日期，但丝毫看不出吴氏有搬家的准备，眼看行期将近，哲尔肯与朱国治等人不免着急。十一月十五日，哲尔肯、傅达礼等钦差会同朱国治再次前往王府，催促吴三桂起行。吴三桂留几

---

① 1662 年，吴三桂擒获南明最后一个皇帝永历帝朱由榔后，将他绞死在了昆明的篦子坡。

▲ 平西王府龙凤金杯

人吃饭，席间待客殷勤谦和，却绝口不提搬迁之事，朱国治忍不住逼问道："三位大人候久，平西王若无意搬迁，三大人自回京师复命。"

朱国治原为江苏巡抚，在江苏时就以权谋私，有贪污的行径，而且搜刮无度，人称"朱白地"；他还屡兴大狱，滥杀无辜，"哭庙案"[①]中的大文人金圣叹就死于他之手。因遭到当地士绅百姓的反对，朱国治被调离了江苏，转任云南巡抚。刚来时，他卑躬屈节想要结交吴三桂，每次见到吴三桂都行大礼，甚至溜须拍马——吴三桂曾作诗咏牡丹，朱国治听了后急忙唱和，还逼他人效仿。但吴三桂很鄙视他，对他不予理睬。朱国治热脸贴了冷屁股，渐渐心生怨恨，于是开始监视吴三桂，将其不法行径密报朝廷。吴三桂探知朱国治秘密弹劾自己，也十分恼恨，双方嫌隙日深。此番朱国治见朝廷已下定决心撤藩，便底气十足紧逼着吴三桂启程，甚至鼓动商民罢市，谁料吴三桂一句话，商民就"开市如故"，两人矛盾已公开化。

吴三桂见朱国治如今屡次当面给他难堪，不由怒火中烧、勃然变色，指着其大骂道："咄咄朱国治，我把天下给了别人，只此云南是我用血汗挣来的，如今你这贪污小奴不容我安身吗？！"

哲尔肯见势不好，赶忙出面调解，好言劝道："吴王请息怒，搬迁事与巡抚无关。"随后几人便赶忙起身告辞。这时吴三桂私自铸造"天下都招讨兵马大元帅"大印的事情也被侦察得知，哲尔肯等人见吴三桂反行已露，急忙商议对策，最后商定由哲尔肯留在云南稳住吴三桂，傅达礼回京师奏明皇上，朱国治上疏报

---

① "哭庙案"是顺治十八年（1661年）吴县诸生为声讨吴县县令任维初的贪酷而组织的一次地方性请愿活动。秀才们无力造反，只能到文庙中的先圣牌位面前痛哭流涕，发泄自己的怨恨与牢骚。然而，秀才们哭庙之际正值顺治帝驾崩之时，当时皇帝逝世的哀诏已然到达苏州，秀才们的举动被认为是触犯了顺治帝的灵位，犯下了大不敬之罪，金圣叹与诸生因此被捕，被江苏巡抚朱国治"拟不分首从斩决"。

告此事。但朱国治犹豫了两天也不敢上疏，傅达礼骑马东行没有百里，就被守关的吴军兵将阻挡住了去路，被迫回转。

叛乱一触即发。

二 桂闽从叛

> 七星再拜真天子，
> 分明火从耳边起。
> 杀尽三山牛出血，
> 身骑白马军中止。①

五天后，也就是康熙十二年十一月二十一日清晨，吴三桂召集诸镇将官赴王府会议，云南巡抚朱国治等官吏也奉命而来。全身戎装的吴三桂威坐殿上，正式宣布起兵，与清廷决裂，并下令将不愿抗清的朱国治和一干官员全部逮捕关押，钦差大臣哲尔肯与傅达礼也被拘留软禁。吴三桂还派人传令不得随意杀害这些官员，但命令到时，朱国治已被胡国柱率兵乱刀砍死了。当年苏州有一民谣曰："天呀天，圣叹杀头真是冤，今年圣叹国治杀，明年国治又被国柱歼。"今日果应其言。

自此日起，吴三桂自称"天下都招讨兵马大元帅"，建国号"周"，以明年为周元年。接着他又选择吉日率三军拜谒永历帝陵，准备誓师北伐。拜谒前，他对诸将说道："拜别已故君主，应当穿故君时的衣服见他。"说完指着自己的头说："我先朝曾有此帽子吗？"又指着自己的衣服道："我先朝曾有此衣服吗？我这老臣将易服祭拜故君，你们自己考虑该不该易服。"诸将听了都表示愿意易服。

在蓄发易服、哭祭了永历帝陵后，吴三桂正式下令"兴明讨虏"。第二天天刚亮，鼓角齐鸣，吴三桂在昆明郊外的校场进行了大阅兵。各镇将士整队入场，军容肃然，长枪、大戟、画甲、雕弓，罗列左右。吴三桂全身披甲，拉弓连发三箭，皆中目标，三军顿时欢呼雷动。演示完射箭后，吴三桂又在校场策马疾驰，每跑一圈就接手

---

① 康熙十二年十一月，福州发生大火，从布政司一直烧到七井。耿精忠身边的人于是编造上述流言谶语，认为耿精忠将为天子，为反清造势。"七星"指七井，"三山"指福州。

一件兵器——六十二岁高龄的他英气逼人，对各种长短兵器运用自如，以示自己宝刀未老。三军将士看得精彩，不时爆发出欢呼赞叹之声，士气一时大振。

吴三桂动员了广大将士后，又先声夺人，发出了一道讨清的檄文：

原镇守山海关总兵官，今奉旨总统天下水陆大师兴明讨虏大将军吴，檄告天下文武官吏、军民等知悉：

本镇深叨明朝世爵，统镇山海关。一时李逆（指李自成）倡乱，聚众百万，横行天下，旋寇京师，痛哉毅皇烈后之崩摧，惨矣！东宫定藩之颠跌，文武瓦解，六宫恣乱，宗庙瞬息丘墟，生灵流离涂炭，臣民侧目，莫可谁何。普天之下，竟无仗义兴师勤王讨贼，伤哉！国远夫偈可言？

本镇独居关外，矢尽兵穷，泪干有血，心痛无声，不得已歃血订盟，许虏藩封，暂借夷兵十万，身为前驱，斩将入关，李贼逃遁，痛心君父重仇，冤不共戴，誓必亲擒贼帅，斩首太庙，以谢先帝之灵。幸而贼遁冰消，渠魁授首，正欲择立嗣君，更承宗社封藩，割地以谢夷人。不意狡虏遂再逆天背盟，乘我内虚，雄据燕都，窃我先朝神器，变我中国冠裳，方知拒虎进狼之非，莫挽抱薪救火之误。本镇剌心呕血，追悔无及，将欲反戈北逐，扫荡腥气，适值周、田二皇亲，密会太监王奉抱先皇三太子，年甫三岁，刺股为记，记名托孤，宗社是赖。姑饮泣忍隐，未敢轻举，以故避居穷壤，养晦待时，选将练兵，密图恢复，枕戈听漏，束马瞻星，磨砺警惕者，盖三十年矣！

兹彼夷君无道，奸邪高涨，道义之儒，悉处下僚；斗筲之辈，咸居显职。君昏臣暗，吏酷官贪，水惨山悲，妇号子泣，以至彗星流陨，天怨于上，山崩土震，地怨于下，官卖爵，仁怨于朝，苛政横征，民怨于乡，关税重征，商怨于涂，徭役频兴，工怨于肆。

本镇仰观俯察，正当伐暴救民，顺天应人之日也。爰率文武臣工，共襄义举，卜取甲寅年（康熙十三年）正月元旦寅刻，推封三太子，郊天祭地，恭登大宝，建元周启，檄示布间，告庙兴师，克期进发。移会总统兵马上将耿（精忠），招讨大将军总统使世子郑（经），调集水陆官兵三百六十万员，直捣燕山。长驱北地，出铜驼于荆棘，奠玉灼于金汤，义旗一举，响应万方，大快臣民之心，共雪天人之愤。振我神武，剪彼嚣氛，宏启中兴之略，踊跃风雷，建划万全之策，啸歌雨露，倘能洞悉时宜，望风归顺，则草木不损，鸡犬无惊；敢有背顺从逆，恋目前之私恩，忘中原之故主，据险扼隘，抗我王师，即督铁骑，亲征踏巢覆穴，老稚不留，男女皆诛，若有生儒，精习兵法，夺拔痪谷，不妨献策军前，以佐股肱，自当量材优擢，无靳高爵厚封，其各省官员，果有洁己爱民、清廉素著者，仍单仕；所催征粮谷，封储仓库、印信、册籍，赍解军前，其有未尽事，宜另颁条约，各宜凛遵告诫，毋致血染刀头，本镇幸甚，天下幸甚！

这篇檄文写得慷慨激昂、气贯长虹，今日读来也是凛凛然有气魄，吴三桂扬言要为"故君"复仇，但苦于找不到"新君"拥立，只好诈称辅佐崇祯之子——传说中的朱三太子。满口"君父之仇，不共在天"，把起兵反清说成是为恢复明室，意在收揽天下人心。他把昔日引清军入关说成是迫不得已，这倒是事实，但避重就轻，把自己剃发易服、投降清朝说成是潜伏敌后三十年、为恢复明朝卧薪尝胆，檄文中强调清朝背盟毁约，而对自己为清朝卖命、扫灭南明，擒杀永历皇帝一事却只字不提。

云南本是吴三桂辖地，他一声令下，全省响应，少数抗拒不从的官员被清除。在拜祭了永历帝陵后，十二月初一，吴三桂宣布自云南出兵北伐，三军战旗皆用白色，士兵头戴白色毡帽，以示不忘明朝旧恩，为永历皇帝挂孝。吴三桂留下大将胡国柱镇守云南后方、郭壮图为"留守总管大将军"负责后勤，并派养子王屏藩率兵四万由贵州北上取四川，以吴国贵、夏国相为前驱，率大军八万东进，兵锋先指贵州，他自领马宝诸将随后进发。

康熙十二年十二月十日，差往贵州备办吴三桂搬迁事务的兵部郎中党务礼、户部员外萨穆哈暗地里弄到了两匹马，偷偷奔出贵阳，快马加鞭疾驰了十一昼夜赶到北京，直奔兵部衙门。到门口下了马，累得精疲力竭的两人一时气厥，抱着柱子上气不接下气说不出话来。堂吏赶忙用水灌进两人口中，过了好一会儿，二人才慢慢醒过来，第一句话就是："吴三桂反了！"

得知吴三桂反了的消息后，举朝震动！大学士索额图立即奏请诛杀建议撤藩的大臣来安抚吴三桂，并与吴氏妥协。但康熙皇帝并不将大臣当作"替罪羊"，而是把责任揽在了自己身上，称"撤藩出自朕意，他们何罪之有？！"并立即决定以武力讨伐。安定了"主撤派"之心后，康熙调兵遣将防守四川、陕西、湖北等战略要地，又下令停撤耿、尚二藩，以防他们倒向吴三桂，并授予驻防广西的已故定南王之婿孙延龄为"抚蛮将军"，统兵固守，牵制叛军北进。最后，他发布通告，削去吴三桂王爵，予以声讨，通告云：

> 逆贼吴三桂，穷蹙来归，我世祖章皇帝（顺治帝）念其输款投诚，授之军旅，赐封王爵，盟勒山河，其所属将弁崇阶世职，恩赉有加，开阃云南，倾心倚任。迨及朕躬，特隆异数，晋爵亲王，重寄以城，实托心膂，殊恩优礼，振古所无。讵意吴三桂，性类穷奇，中怀狙诈，宪极生骄，阴图不轨，于本年七月内，自请搬移。朕以吴三桂出于诚心，且念其年齿衰迈，师徒远戍已久，遂允所请，令其休息，乃敕所司安插周至，务使得所。又特遣大臣前往，宣谕朕怀。朕之待吴三桂，可谓礼隆情至，蔑以加矣。

> 近览川湖总督蔡毓荣等疏称，吴三桂径行反叛，背累朝豢养之恩，逞一旦鸱张之势，横行凶逆，涂炭生灵，理法难容，神人共愤。今削其爵，特遣宁南靖寇大将军统领劲旅，前往扑灭，兵威所至，刻期荡平。但念地方官民人等，身在贼境，或心存忠义，不能自拔；或被贼驱迫，怀疑畏罪，大兵一到，玉石莫分，朕心甚为不忍。爰颁敕旨，通行晓谕，尔等各宜安分自保，无听诱胁，即或误从贼党，但能悔罪归诚，悉赦已往，不复究治。至尔等父子兄弟亲族人等，见在直隶各省，出仕居住者，已有谕旨，俱令各安职业，并不株连。尔等毋怀疑虑，其有能擒斩吴三桂头，献军前者，即以其爵爵之；有能诛缚其下渠魁，及兵马城池，归命自效者，论功从优叙录。朕不食言，尔等皆朕之赤子，忠孝天性，人孰无之！从逆从顺，吉凶判然，各宜审度，勿贻后悔。地方官即广为宣布遵行。

这通告与吴三桂的檄文真是"相得益彰"。双方互相攻击，但都避重就轻，顾左右而言他，对自己不利的往事闭口不谈，康熙皇帝称当年是清朝好心收留了投降的吴三桂，并大谈朝廷给予吴三桂的隆礼厚恩，以示并无亏待吴氏，但吴三桂怀有狼子野心，恩将仇报、犯上作乱；通告中把吴三桂为清朝夺取全国所立的不世之功一笔勾销，对于当年多尔衮与吴三桂订立的"裂土封王"的协议也一字不提。最后，康熙帝还不忘开出赏格：若有能杀吴三桂的，就可封王！但他也明智地在通告中表示，不会株连"误从叛军"的吴氏属下大小官员，对叛军予以分化瓦解。

十二月二十八日，吴三桂进入贵阳，兵不血刃传檄得贵州全省，贵州提督李本琛①等跟随吴三桂反。该省曾由吴氏总管，心腹遍布各处，虽然后来吴三桂辞去了总管之位，但该省实际仍是吴氏的势力范围，他的讨清檄文一到，其心腹立即起兵响应。云贵总督甘文焜不愿降吴，他勒令妻妾七人全部自杀后率十余人逃往镇远，想扼守此地，以阻吴三桂东进。谁料镇远守将已经投降吴三桂，闭门不纳甘文焜一行人。面对前后追兵，甘文焜的儿子劝他继续向东逃走，甘文焜道："封疆之臣，当死封疆事，过此则非黔地矣。"随即自刎而死。

康熙十三年（1674年）年初，吴三桂正式称"周王"，废弃康熙年号，改元"利用"，这也表示他已准备建立自己的新王朝，而不再以恢复明室为己任，使得一大批明朝故臣遗老大失所望，纷纷视他为篡逆而不再支持他。明室旧臣谢四新特意作诗一首讽刺吴氏，其诗云：

李陵心事久风尘，

三十年来讵卧薪？

复楚未能先覆楚，

帝秦何必又亡秦！

丹心早为红颜改，

青史难宽白发人。

永夜角声应不寐，

那堪思子又思亲。

另一些已经归顺清朝的原明朝官员也因吴三桂的反复无常而鄙视他，称他为"在明亡明，事清叛清"的两朝乱贼，对他十分厌恶，并予以声讨——这也成为吴三桂后来失败的原因之一。

轻而易举夺得云贵两省后，十二月二十九日，吴军前锋进入湖南，攻陷毫无防备的"滇黔门户"沅州（今湖南省芷江），切断了澧州（今湖南省澧县）与辰州（今

---

① 李本琛为原明朝总兵高杰的外甥，于1645年豫亲王多铎南征时率所部降清，后来为洪承畴手下部将。

湖南省沅陵）之间的交通。

吴军的迅猛攻势使毫无防备的清兵大为惊恐，湖南提督桑额不愿坚守，从澧州城逃往湖北宜昌，远在长沙的偏沅巡抚卢震竟丢弃长沙不顾，逃到岳州（今湖南省岳阳市）去了。康熙闻讯大怒，立即下令吏、兵二部逮拿卢震治罪，并急令清军速往武昌、长沙和荆州等地驻防，防止吴军渡过长江北上。

吴三桂虽然是匆忙起兵，但清廷的准备也不足，调往长沙、岳阳、常德等地的清军行动迟缓，到了长江北岸后又畏缩不前。二月初，吴军大将夏国相不战而得澧州，常德也被吴军拿下；另一大将张国柱率部攻陷衡州（今湖南省衡阳市），进逼长沙，城中人心惶惶，官兵无心守城，守将连部属带城池都献给了吴军；吴三桂则日夜兼程，一鼓而下，攻克了辰州。三月初，吴军大将吴应期与张国柱水陆并进，又夺下了洞庭湖之滨的重镇岳州，湖南全境皆属三桂，吴军前锋已达湖北澧州、石首、华容、松滋一线，来援的清军虽然云集荆州、襄阳、武昌、宜昌，却不敢渡江撄其锋芒。

吴军在湖南的全胜引起了连锁反应，康熙十三年三月十五日，在与湖南一江之隔的湖北，襄阳总兵杨来嘉[1]在谷城（今湖北省谷城县）起兵响应吴三桂；十九日，江北郧阳（今湖北省十堰市地区）副将洪福也在郧阳反清，但很快被清军击败。而在四川，传来了四川提督郑蛟麟、巡抚罗森、川北总兵官谭弘、吴之茂响应吴三桂，宣布反清的消息，这些将领大多都是原明朝军官，其属下的各府州县也随之叛清。吴将王屏藩由镇远北进，从水路进入四川，先后攻取了巫山镇（今重庆市巫山县）与夔州府（今重庆市奉节县），然后舍舟登陆，断绝了清军的粮道，迫使在保宁（今四川省阆中市保宁镇）的清军退兵，至此，全川都被吴军控制。王屏藩乘胜追击，又进入陕西占领了汉中。

更为严重的是，在吴三桂的影响下，在清王朝统治的心脏北京也发生了变乱，康熙十二年十二月二十二日，京师中自称"朱三太子"的杨起隆联络八旗奴婢数千人，头缠白布、身束红带，聚众放火烧毁城门，建年号"广德"，起兵反清。

---

① 杨来嘉原为郑经手下的提督，后降清。

虽然这次叛乱很快就被平定，但清统治者仍心有余悸。

吴三桂起兵仅三个月就得了滇、黔、楚、蜀四省，反清烽火波及南北，康熙一面下令处死在京的吴三桂之子吴应熊[①]和其孙子吴世霖，并毁掉了关外的吴家祖坟来表示与叛军势不两立；一面指示广西的孙延龄出兵断了吴军在湖南的后路，与南下清兵前后夹击灭叛军于湖粤之间。出人意料的是，康熙的指示发出仅六天后，就收到了孙延龄据桂林反叛的消息。

孙延龄原是定南王孔有德手下的一名小卒，在清太宗年间（1626—1643年）跟随孔有德降清，后来受到孔有德赏识，不断被提拔，孔有德甚至将自己的独生女儿孔四贞许配给了他。孔有德在桂林败死时，孔四贞尚年幼，她从桂林军中

▲ 孝庄画像

逃出回到了京师，被孝庄皇太后收养在宫中，作为义女，岁俸如同郡主。后来她以"格格"身份嫁与孙延龄，清廷为追念孔有德的功绩，特令孙延龄为广西将军，统辖孔有德旧部，虽无藩王之名，仍驻守桂林，出镇广西一省。

但孙延龄出身卑微，才能平庸、低下，只是凭借岳父才显贵，朝野众人和原定藩旧部对他很是轻视，纷纷觉得他根本没有承袭勋爵之理，许多人还揭发他贪污、杀人等犯法之事。孙延龄年少又不知自制，处处以将军自居，要求原定南王

---

① 吴应熊娶的是皇太极的第十四女、康熙的姑姑和硕长公主，后改封建宁长公主，所以，吴应熊也是康熙的姑父。

孔有德的属下待他要如同待孔定南一样，行跪拜之礼，引起藩下将领不服与不屑。他也不事军事，终日以鱼鸟为乐，并且"骄纵放肆"，数次侮辱都统王永年等人，与属下积怨日深。

孙延龄除了与都统不和外，与妻子也不睦。孔四贞娇宠任性，因自己是孝庄太后养女，贵为"和硕格格"，位居"极品"，在孙延龄面前趾高气扬。待孙延龄被封为广西将军，她被封为"一品诰命夫人"，变成了"妻从夫贵"，让生性高傲的她内心十分不平，认为是丈夫私通内院搞的鬼，于是夫妻之间逐渐不和。孔四贞的包衣佐领（相当于管家）戴良臣曾向她推荐自己的亲戚王永年为都统，孙延龄与王永年不合，不允其请，且对戴良臣十分厌恶。戴良臣则利用孙孔夫妻二人间的不和互相挑拨，说孙延龄薄待格格这边的人。最后，在孔四贞的强迫下，孙延龄被迫向朝廷请命，令王永年为都统。孔四贞得势后忘乎所以，惟戴良臣之言是从。王永年升为都统后也处处与孙延龄作对，搞得孙延龄的话根本没有人听，以至于广西一军"惟知有都统，不知有将军，亦不知有格格"。这时，孔四贞才醒悟，大为后悔，但已于事无补。

孙延龄失去军权后愤愤不平，于康熙十二年二月向朝廷告状，参劾王永年克减军饷、僭乱不法。王永年等人也不甘示弱，在七月上疏揭发孙延龄贪赃、纵容属下虐民等诸多不法之事，双方互相攻讦，搞得沸沸扬扬，以致桂林城门白天紧闭，乡民都不敢入城。最后，王永年竟然唆使他人身怀利刃刺杀孙延龄！为此，清廷特派大臣赴桂林调查，虽然所查属实，王永年也被逮捕入狱，但康熙为了安抚孙延龄，又看在孔有德有功的面子上，对孙延龄给予了宽免，未予处置。但这已让孙延龄心生不满，怀恨在心。在云南突变、吴氏反清之后，孙延龄收到了吴三桂送来诱使自己起兵的信件——吴三桂曾认孔四贞为"义女"，孙延龄算是吴三桂的"义婿"——于是，他决定趁此机会先杀王永年等人泄愤，夺回兵权，然后起兵反清。

康熙十二年十二月二十二日，清廷为了安抚孙延龄，特授予他为"抚蛮将军"，统兵固守广西，并将王永年从狱中放出，仍管其事。但孙延龄深恨王永年，于康熙十三年二月二十八日诈称议事，将诸将骗至他的府内，事先伏下精兵。议事完毕诸将起身离座时，孙延龄掷杯为号，刀斧手齐出，王永年、戴良臣等三十余人都被杀死。

孙延龄反清后，自称"安远大将军"，广西大部响应从叛，只有在柳州的回族将领、广西提督马雄与孙氏不睦，予以拒绝。孙延龄派人拿着高脚牌去招降马雄，马雄见了大怒，骂道："竖子无礼！"将牌子砸得粉碎。孙延龄引兵来攻柳州，在柳州城下被马雄击败，但马雄也被流矢射中面颊，两人怨恨更深。此时，吴三桂大军已入广西，马雄力不能支，于是声称："我降平西王，不降孙延龄！"派人向吴三桂请降，吴三桂授其"怀宁公"，并遣马雄的儿子马承荫守南宁。

广西反清后不到一个月，又传来福建耿藩易帜叛清的消息。

耿精忠是耿藩第三代王，耿仲明的长孙，耿继茂的长子。顺治帝曾把肃亲王豪格的女儿许配给他，论起辈分来，康熙还是他的叔伯内弟。耿精忠与吴三桂心意相通，上疏请求撤藩实非本意，接到吴三桂约其起兵的密信后，经过一番密谋筹划决定响应，王府中十四岁以上的男子都被配发弓矢，日夜操练骑射。耿精忠的母亲周氏得知儿子密谋"造反"，很是生气，屡次责备、力图阻止他反叛。但耿精忠心意已决，根本不听。他母亲气愤之极，竟绝食而死。

耿精忠虽已决定反清，但对福建总督范承谟十分顾忌。范、耿两家世代交好，当初清廷封"三顺王"，就是范承谟的父亲范文程极力向朝廷主张的。耿仲明与范文程交谊深后，两家还曾经联姻——耿精忠的妹夫是范承谟的侄儿。耿精忠与范承谟关系也很亲密，双方来往，低一辈的耿精忠自称"侍生"，因耿精忠已袭爵为王，为表尊敬，范承谟则自称"弟"。吴三桂反叛后，康熙立即下令停撤平南、靖南二藩，诏令耿精忠"固守地方，不必搬家"，以示安抚。但耿精忠心怀鬼胎、疑虑重重，他见朝廷两次差遣使臣来闽，怕范承谟接到"密旨"暗害自己，接到朝廷诏令后阖府披甲三日，自己也全副武装，如临大敌，但他又担心范承谟不肯从叛，于是决定先要挟范承谟。

耿精忠言行反常，藩王府中进行演习也不知会督抚，又不晓谕居民，天未亮就炮声隆隆，一直响到夜晚，城中百姓惊骇万分。晚间，耿精忠又亲自在城头、校场操练士兵，或一更，或半夜，忽操忽止，角号声齐动，人心惶惶。范承谟恐怕变生肘腋，自虑总督标下只有两三千标兵，难以与藩府的万余兵丁匹敌，于是想借巡视海疆为名逃离福州虎口，前往闽安镇联络兴化、漳州、泉州三府官兵防备耿精忠。

范承谟还未出行，耿精忠就率先发难了。康熙十三年三月十五日一大早，耿精忠诈称海寇来犯，召集大小官员到王府议事，范承谟已有预感，托病不去。这时，已经答应耿精忠一同反清的福建巡抚刘秉政前来相约，范承谟只好一同前往。一到王府议事厅，突然炮声震响，伏兵四起，耿精忠的手下亮出利刃，杀气腾腾，要范承谟选择：要么降，要么死！忠于清朝的范承谟见此情形骂不绝口，耿精忠立即下令将他逮捕。有一两个士兵不知情，以为范、刘二人乃是一伙，竟上前误把刘秉政的胳膊抓住。耿精忠的党羽马九玉急忙申斥道："不干巡抚事！"刘秉政两颊通红，低头无语，好不尴尬。马九玉挥手令他退下，他才急忙出去。

耿精忠见范承谟倔强不肯从叛，又忌惮他的威望，不敢杀他，就将他连同他家属五十余人全部打入大牢，囚禁了起来。后来又派刘秉政前去牢中劝降，谁知一见面，范承谟上前就给了刘秉政一脚，将其踢翻，把他骂了回去。耿精忠见范承谟不服，下令对其百般折磨，在被关押的两年里，范承谟蓬头垢面，通身生满了虮虱蚊蝇，疾病缠身，每天只吃半碗饭，只求速死！每天他都要骂一阵耿精忠，然后写诗明志，没有笔砚，他就把木棍烧成炭条，将生平写在墙壁上，洋洋数千言，成了《画壁遗稿》。

耿精忠囚禁了范承谟，铲除了反对他的势力后，自称"大明总统兵马大将军"——比吴三桂的"元帅"低一级——蓄发易服，宣布反清。康熙得知后一面派"定南将军"希尔根统领大军由江西、"平南将军"赖塔由浙江、"平寇将军"根特巴图鲁由广东，分三路进剿；一面传谕招抚耿精忠的部将，表示如果"悔罪"来降，就既往不咎。为了孤立吴三桂，康熙帝也没有处死耿精忠在京的两个弟弟，而是宣布胁从者不问、立功者受赏，剿抚并用、软硬并施。对耿精忠本人，康熙表示："谅耿精忠必系一时无知，堕人狡计，与吴三桂不同。"意思是，只要他投诚，朝廷也会宽容。

耿精忠起事后不到一个月，全闽就降附，他又分兵三路向江西、浙江展开了进攻，以白显忠为将出西路，攻江西，进犯建昌（今江西省南城县）、广信（今江西省上饶市）、饶州（今江西省鄱阳县）；以马九玉为将，出仙霞岭为中路，攻浙江金华、衢州（今浙江省衢州）；以曾养性为东路，专攻浙江沿海，取温州（今浙江省永嘉县）、台州（今浙江省临海市）、处州（今浙江省丽水市）、绍兴等地。清军毫无防备，惊慌失措，浙江将军图赖听到警报后吓得瘫软不起，时称"抬不动将军"；巡抚田逢吉"顿足不已"，人称"跌足巡抚"；总督李之芳"掀髯不已"，人称"撼髯总督"。

短时间内，东路曾军连陷浙江平阳、温州，破乐清、下天台、仙居，并攻取了绍兴府属嵊县等地；西路军攻陷了江西建昌、广信、饶州、抚州等地，甚至一度占领了长江沿岸的彭泽、湖口二县，并进入安徽，占领徽州，威胁清朝的江南粮仓；中路大军进入金华和衢州府境内，但由于清军援兵及时赶到，耿军屡次围攻二城都未攻下。

在西征北伐的同时，耿精忠又联络广东潮州总兵官刘进忠煽乱广东；又致信在台湾的郑经，许以割让福建南部沿海漳、泉二府之地，约他重返大陆，进兵潮、惠，共击清朝；还南联琉球王国，索取军需，以为外援。一时间，"东南半壁，尽入版图"。

在东南沿海抗清的郑成功在收复台湾后不久去世，他的儿子郑经在台湾仍一直坚持奉明朝年号，力图恢复明朝。康熙二年（1663 年）十月，清军联合荷兰水军，一举攻下了郑氏在福建沿海的抗清基地——金门和厦门；康熙三年（1664 年）三月清朝又派兵

▲ 郑成功

攻下了铜山，不敌清军的郑经退守台湾孤岛，独自抗清已力不从心。接到耿精忠相邀后，郑经认为这是千载难逢的机会，于是立即派人马在福建沿海登陆，陆续占领绍安及建宁等处，并开始在当地招兵买马。

但耿郑的联盟只维持了数月便宣告破裂，耿精忠见来到厦门的郑军"兵不满两千，船不过百只"，便很轻视郑经。起兵前，耿精忠怕福建各地文武官员不服，故而请郑经前来助战，不料起事后仅派出数名骑兵、发出几

▲ 郑经画像

张檄文就得了全闽之地，又见己军在浙江、江西等地攻势迅速，形势一片大好，于是心生悔意，力图阻止郑经前来助战。他不但下令照旧实行"海禁"，寸板不许下海，禁止己军与郑军交易，而且不再兑现分给郑军船只并安插兵丁的诺言。

郑经得知耿精忠突然变卦后即差使者前去责备他背约，耿精忠直截了当地答道："你回去告诉你的主人，各地分守，勿作妄想！"但"请神容易送神难"，感觉被耍了的郑经勃然大怒，他从台湾征调六分之四的士兵充实军队，令冯锡范与刘国轩发兵攻下了同安和海澄（今福建龙海市海澄镇）。康熙十三年五月，泉州守将暗通郑经，驱逐了耿军的守将，将城池献给了郑军。八月，漳州守将黄芳度也归降了郑经。九月，郑军大将刘国轩率军在枫亭列阵二十里，与耿军大战，耿军多为新募，胆怯不能死战，很快被击溃，郑军一直追到兴化城下。

耿精忠见连失同安、海澄、泉州、漳州等地，十分恐惧，派使者到厦门与郑经谈判，想要"索地请和"，要求郑经归还漳、泉二州，并表示愿意将沿海岛屿划归郑经，还承诺"通商贸易"，不再禁止台湾与大陆贸易。但郑经不予理会，回书驳斥耿精忠"墨迹未干"就失信背约，并回复："天下是我太祖（朱元璋）之天下，又不是你耿精忠的！""昔日清朝全盛，我尚且与之争衡于吴越，今日

你耿精忠区区一旅，何足道哉！？"

耿精忠起兵后不但"背盟毁约"，还妄自尊大，俨然以盟主自居，竟向郑经发号施令，派人送去敕印，封其为"大将军"。郑经很不服气，道："耿精忠食清朝的俸禄，乃是明朝叛逆，怎能封我郑经？！"郑经自诩为明朝海外孤忠，视耿精忠为明朝叛逆，自然不愿屈居其下。双方又在是否尊奉明朔的问题上争得不可开交，最后，郑经发布公告不再与耿精忠合作，只愿同吴三桂联合共扶明室，恢复明朝基业。但他不知道的是，吴三桂已经另起炉灶，无意复明了。

十一月，郑军又攻下了漳浦镇。耿精忠怕受到郑经与清兵的夹击，于是向吴三桂求助。吴三桂本来想让耿精忠北进据守钱塘江，郑经由海路直取南京、天津，断北兵粮道，在东南战场上牵制清军，自然不希望耿郑两家互相攻击，消耗反清力量，于是特意派使者为两家调解，称耿、郑为"唇齿之邦，辅车之势"，希望两家化干戈为玉帛，团结起来、一致抗清。这时，郑经已得知吴三桂自立了名号，十分不满，大将刘国轩说道："吾家在海外数十年，称奉明朝年号，今吴号'周'，耿称'甲寅'①，大逆不道，我带兵来是要攻打你们两家的。如果你们反正奉明朝年号，我不难进镇江、上南京，否则你们两家都是我的敌国！"由于三方各有企图、同床异梦，所以矛盾根本无法化解，争吵不断。直到康熙十四年（1675 年）一月，耿郑双方才达成协议，商定以枫亭（今仙游县枫亭镇）为界，北方属耿精忠，南方属郑经，双方的争斗才暂时告一段落。

在耿郑互相攻讦之际，清军已增兵南昌、杭州、衢州、吉安、袁州、九江、金华等战略要地，加紧了对浙赣等地的攻势。为防止耿军与吴军在江西会师，康熙命安亲王岳乐为定远平寇大将军，自安徽向江西进军，威胁吴三桂东翼，并阻断耿军西进之路；又命简亲王喇布为扬威大将军，统军镇守南京；康王杰书为奉命大将军、贝子傅喇塔为宁海将军，进攻浙江耿精忠部。自七月至十一月间，清兵与耿军在浙赣两省展开激烈争夺，接连收复了江西饶州、石城、彭泽，浙江嵊县、诸暨、义乌等失地，开始了反击。

---

① 耿精忠不署吴三桂周王年号，而是以干支纪年。

三　四方鼎沸

明朝头，

清朝尾，

过了三周年，

依旧归康熙。

——尚之信反清后的广州民谣[1]

吴三桂在云南起兵之际，曾发书信约他在各地的旧部、故交一起反清，驻甘肃平凉的陕西提督王辅臣和驻甘州的甘肃提督张勇也收到了信札。此二人原为吴三桂部下，后先后调离云南。吴三桂本以为凭借自己往日对王、张二人的恩情，他们一定会闻风而动，听命于他。可出乎意料的是，王、张二人均拒绝从叛。

王辅臣出身卑微，原为明末农民起义军将领，曾在李自成军中服役，其人骁勇善战，在马上如飞，绰号"西路马鹞子"。他身高七尺、面目白皙、卧蚕眉，又被人称为"活吕布"，后投在山西大同总兵姜瓖麾下，之后又随姜瓖在大同反清。满洲八旗兵围攻大同，每次见到"马鹞子"乘黄骠马出战，都不敢撄其锋，"皆披靡败走"。为迷惑清军，王辅臣与另两员大将轮番骑黄骠马出城，清军不知哪个是真王辅臣，哪个是假王辅臣，不敢应战，贻误许多战机。

大同之战持续了近十个月，顺治十六年（1649年）姜瓖兵败被杀后，王辅臣又投降了清军，免于被诛，被英亲王阿济格收入汉军正白旗下，进驻北京。后来阿济格因罪被诛，王辅臣也沦为了辛者库（满语"奴仆"之意），但王辅臣凭借大同之战已声名远扬，京城之中无论满汉，都以认识"马鹞子"为荣，连顺治皇帝都闻其大名，特意提拔他做了一等御前侍卫。之后王辅臣随军南征，先侍奉洪承畴，后又在吴三桂手下为将，因他骁勇善战，而且"恭以事上，信以处友，宽以待人，严于御下"，吴三桂十分喜爱他，待他犹如自家子侄，凡有美食美器必定先赐给他，王辅臣也感恩戴德、竭诚侍奉。

---

[1] 尚之信在广州反清后宣布剪辫易服，衣冠一时置办不及，王公大夫皆戴明帽，穿满服。

康熙四年（1665年），王辅臣奉命征讨云南土司乌撒，与诸将在一马姓总兵营中聚餐，酒酣耳热之际，一王姓总兵发现王辅臣碗中有只死苍蝇，赶忙好心地大声提醒——因为东道主马总兵待下属十分酷虐，部下有小过就用木棍一顿好打，往往有被一棍打死者，因此得个诨号"马一棍"——王辅臣出于好意，不想让伙夫因此受到责打，闹出人命，故意不以为然说道："我等从枪林箭雨走出来，九死一生，吃饱饭就满足了，哪里有闲心讲究吃食？便是有苍蝇也吃得下去。"但王总兵不解其意，反而不信，执意要与王辅臣打赌，称："您要是敢吃死苍蝇，我就把自己的坐骑输给你！"王辅臣大话已说出口，无法收回，只得硬着头皮吞下死蝇，这时吴三桂的侄子吴应期不知趣地凑过来打趣道："王兄如此贪爱坐骑，别人与兄长打赌吃死苍蝇，兄长就吃，如果有人跟兄长打赌吃粪便，兄长你也要吃屎吗？"王辅臣被激，平白无故吃了个死苍蝇，心中憋屈得已不自在，见吴应期又来打趣，不由得恼羞成怒，趁着酒兴起身，指着吴应期的鼻子怒骂道："吴应期！你自恃是平西王的子侄，竟敢当众羞辱我！人家惧怕你们吴家王子王孙，我却不怕！且看我如何掏出你吴家子孙的脑髓，嚼你们的心肝，挖你的眼睛！"说完一拳砸在饭桌上，"咔嚓"一声，桌子四足皆断，桌上茶碟、饭盂、酒杯一股脑儿摔得粉碎。左右人吓得皆不敢言，吴应期赶忙趁乱溜之大吉。

次日酒醒，双方皆有后悔之意，吴应期亲自来到王辅臣的营帐拜伏于地，向他赔礼道："昨日因酒醉，出言伤兄，望兄见谅。"王辅臣也对自己小题大做深感悔意，双手扶起吴应期道："我醉了，出口伤人，兄不怪罪我，为什么还要自责呢？"于是双方言归于好，开筵欢饮，相好如初。谁知此事被人添油加醋，辗转传到了吴三桂耳中，吴三桂听了很不高兴，叫人传话给王辅臣："你王辅臣跟吴应期酒后争吵，都是少年兄弟，喝醉骂座是寻常之事，便厮打起来也无妨，又不是妇女有了私情怀孕，怕被打掉了胎？只是何必牵扯上老夫？说'你是王子，我敢吃王的脑髓心肝！'别人岂非要背后掩口笑话我'吴三桂这个老头平日对王辅臣爱如珍宝。王辅臣却恨得要吃他脑髓呢'！这岂不是令人寒心？"并特意派人捎信警告王辅臣："下次不要这样了。"

吴三桂此话让王辅臣大为不满，性格倔强的他认为吴三桂偏向自家侄儿，不愿再受制于人、寄人篱下，于是一气之下派人携重金赴京师买通了朝廷重臣，要调离云南，到甘肃任职。朝廷正想拆散吴三桂的党羽，恰好此时平凉提督空缺，于是康熙特点王辅臣补缺，将他调往平凉。

吴三桂得知王辅臣要离开云南后如失左右手，十分不舍，王辅臣来王府辞行的时候，他拉着其手说道："你到了平凉不要忘了老夫。你家里穷、人口多，万里迢迢，怎么受得了？"并特意取出白银两万两给王辅臣做路费。

不过，与康熙帝的"圣眷隆恩"比起来，吴三桂的这一点恩情就显得微不足道了。王辅臣在北京觐见皇帝时，康熙爱惜他是个将才，舍不得他赴平凉上任："朕真想把你留在朝中，朝夕相见。但平凉边庭重地，非你去不可。"眷眷之情、溢于言表，还特意让钦天监为他选一个好日子启程。选定日期后，康熙又道："行期已近，朕舍不得你走。上元节就要到了，你陪朕看完了灯再走。"到了临行这天，康熙又接见了王辅臣，与他温言细语谈了很久，并且重加赏赐。最后，康熙指着御座前的一对蟠龙豹尾枪道："此枪是先帝（顺治帝）留给朕的，朕每次外出必把此枪列于马前，为的是不忘先帝。你是先帝之臣，朕是先帝之子。他物不足珍贵，唯有把此枪赐给你。你持此枪前往平凉，见到此枪就如同见到朕，朕想到留给你的这支枪就如见到你一样。"康熙帝以九五之尊，屈身慰劳，王辅臣被感动得一塌糊涂，他痛哭流涕拜伏于地，久久不起，说道："圣恩深重，臣肝脑涂地，不能稍报万一。"在与吴三桂笼络王辅臣的竞争中，康熙赢得了第一个回合。

接到吴三桂的策反密信后，王辅臣立即派儿子王继贞于康熙十三年二月初将吴氏的信使押解到北京，将信札报告给了朝廷，以示忠心。另一个将领张勇也将吴军来使和"逆书"上交朝廷处理。康熙皇帝得知后大喜，称赞王辅臣"果不负朕，疾风知劲草今日乃见之"，立即对他予以嘉奖，命其固守地方。康熙鉴于四川失守、西安危急，又派遣被授以全权的刑部尚书莫洛率满军去陕西节制诸将，相机行事。

谁知未过多久，传来了王辅臣袭杀莫洛，举兵反叛的消息，这一突变令康熙皇帝大为震惊——原来莫洛率兵进征四川，很快收复了阳平关（今陕西省宁强县西）与朝天关（今四川省广元市东北），占领广元（今四川省广元市），并包围了由吴三桂侄儿吴之茂与大将王屏藩据守的保宁。双方自五月对峙到九月，清军军饷逐渐供应不足，一些绿旗兵发生哗变，纷纷逃亡。四川叛军不断出兵深入敌后骚扰，已切断了清军广元与宁羌州之间的饷道，莫洛在陕西汉中与四川保宁交界处受阻，进退失据。由于粮饷不济，清军只得于十二月初退回宁羌州，驻扎在南教场，与王辅臣的兵营相距两里多地。王辅臣属下标兵与满洲兵不和，互相忿争辱骂。初四日，双方矛盾升级，王辅臣手下的兵将高喊着："要粮饷！要好马！"突然向莫洛的大营发起了进攻，莫洛亲自督率满兵反击，将王辅臣的标兵击败。王辅臣心中不平，一不做二不休，也率军来复战，一时间"枪炮矢齐发"，莫洛猝不及防，激战之中被鸟枪流弹击中喉咙毙命，其手下满兵受到重创，溃散士卒均被王辅臣收降。

兵变之后，王辅臣手下士兵大多逃散，仅剩下千余人，势单力孤，遂赶忙退往略阳。为支援莫洛，康熙曾命豫亲王多铎第七子、多罗贝勒董鄂为定西大将军，率兵入川支援。但董鄂行军缓慢，四个月后才到达西安，他在行至沔县的路上得知兵变的消息，虽然此时王辅臣只有千余人且军心涣散、不堪一击，但董鄂竟不敢前去迎战追击，而是急忙经凤县栈道逃回汉中，奔往西安。广元、朝天关等要地尽皆失守，董鄂急忙向朝廷奏报，但对王辅臣为何叛变，他也是一头雾水，一无所知。

王辅臣突叛，康熙十分震惊，前不久王辅臣还揭发了吴三桂，并派遣儿子王继贞入京报告，如今他儿子还在京师他就突然举兵反叛，这实在让康熙想不通。但康熙最终还是决定赦免王辅臣，表示对变故一概不究。他先召见了王辅臣的儿子王继贞，王继贞一到，他劈头就是一句："你父亲反了！"王继贞一时也摸不着头脑，应声道："我一点也不知道！"等到康熙将陕西方面的奏报出示给他看时，王继贞才神情突变，吓得浑身战栗，口噤不能言。康熙抚慰他道："你不要害怕，朕知你父亲忠贞，绝不至于做出谋反之事。大概是经略莫洛不善于调解和抚慰，才有平凉兵哗变，胁迫你父亲不得不从叛。你马上回去宣布朕的命令，你父亲无罪，杀经略莫洛罪在众人。你父应竭力约束部下，破贼立功，朕赦免一切罪过，决不食言！"给了王辅臣台阶下后，康熙还施以攻心之术想把王辅臣争取过来，不让其与吴三桂合流，为此他特意放回王继贞，并下了一道敕谕抚慰。

康熙这道如同长信的敕谕通篇没有一句指责之语，反而把兵变的责任全部揽到了自己身上，自责没有知人善任才导致变故，并表示对所有参与兵变的官兵都一概宽免，不予追究。在敕谕中，康熙还回忆了自己与王辅臣之间的桩桩往事，晓之以理、动之以情，希望王辅臣能够回心转意，别辜负君臣之间的情谊和朝廷的重托。

康熙十四年正月十三日，康熙帝的敕书送到了略阳，王辅臣与众将领"恭设香案，跪听宣读"后备受感动。王辅臣自称"臣听闻之下，肝肠寸断，心胆俱裂"，唯有向北京方向"号泣，抚众哀鸣而已"，接着便上奏申诉兵变原因：他称莫洛为人偏执，先是不听他的良言忠告，对他的战略建议置若罔闻，又目中无人排斥汉将汉兵，让生性高傲倔强的他十分不满。当时他顾虑文武不和，"恐误大事"，于是上奏请求调离四川离开莫洛，随军往征湖南，但康熙却以无论在四川还是到湖南，都是为朝廷效力为由，竟不准奏。后跟随大军征略四川时，莫洛又将他所属官兵中的两千匹好马尽行调给满洲骑兵使用，给他们分配的却是些"劣瘦茶马"。十月初，马匹还未到即催促他起程进川，这分明是想陷他于死地！所以众将士皆心怀怨恨，十二月初四行至宁羌州时，又因粮饷不足，士卒忍饥挨饿，军心不稳，以致属下哗变，索要粮饷好马，莫洛中流弹而死，其军溃散，实非他的本意。

得知王辅臣起兵反清后，吴三桂大喜，立即派人送来了二十万两白银作为军饷，还铸造了"平远大将军陕西东路总管"的大印，并指示已入川的大将王屏藩与吴之茂由汉中出兵支援陇西。

现在，王辅臣骑虎难下。虽然康熙表示既往不咎，但他还是心存疑虑，担心这只是皇帝的权宜之计，谁能肯定朝廷以后就不追究了？于是，他决定接受吴三桂的白银和大印，开始反清。

王辅臣先是说降了秦州（甘肃天水）守将，然后烧毁了陕甘两省交界的凤县偏桥，并派兵把守栈道，断绝了清兵粮道，引导吴军北进，汉中、兴安等镇遂落入吴军王屏藩等部手中。凤县的清军粮草不济，只得被迫突围退回西安。王辅臣趁机搜集散兵扩充队伍，率旧部回师平凉后向各地发出信函，约会各镇起兵。于是，甘肃固原（今宁夏固原）、定边、巩昌（今甘肃省陇西）、阶州（今甘肃省武都）、洮州（今甘肃省临潭东）、岷州（今甘肃省岷县）、临洮、兰州等地先后叛清，陕西的同州（今陕西省大荔）、葭州、洛川、宜川、吴堡、清涧、米脂等地也相继沦陷，陕甘地区一时叛乱迭起，鄂尔多斯蒙古部也趁机犯边，骚扰甘肃永固地区。到三月，陕西只有西安一府及邠、乾二州没有失陷，甘肃只剩下河西走廊一带仍为清军所有，未叛的只有甘肃提督张勇、西宁总兵官王进宝和宁夏总兵官陈福，后来宁夏兵变，陈福被乱兵杀死，其位置由赵良栋接任。

其中，张勇和王辅臣一样，原来都曾在吴三桂手下为将。康熙在得知吴三桂起兵反清之后，放心不下张、王二人，第一时间下发了一封诏书给他们，要二人防备吴三桂派人过来策反，一经发现，要立即举报，上奏朝廷。除了这份明面上的诏书外，康熙还给了两人各自一份口诏，让二人相互监视。

王辅臣和张勇接到诏书后约定，如果发现前来策反的使者，二人一起举报。可王辅臣立功心切，竟然瞒着张勇自己一个人抢先向朝廷举报了。康熙大为赞赏，毫不吝啬赐了王辅臣三等精奇尼哈番（世袭子爵）的爵位，其儿子王继贞也被授予大理寺少卿的官职。

张勇得知后十分不高兴，无论是战功还是资历，自己都要比王辅臣高得多，自己当甘肃提督时，王辅臣还只是一个辛者库，现在王辅臣反倒后来居上，与自己平起平坐①。当王辅臣反清后派遣使者又来策反张勇时，张勇毫不犹豫斩杀了使者。张勇与王辅臣不同，他虽为武将，却只能坐着轿子指挥战斗——由于早年他的脚受了箭伤，伤到了骨头，所以不能骑马，但他善于用兵，而且喜欢穿着文人服饰，在阵前饮酒赋诗，十分儒雅。后来的乾隆皇帝读史书读到张勇的事迹也钦佩不已，赞叹道："真有古代儒将风范也！"

王进宝出身农民，原为张勇手下战将。王辅臣反清后烧毁了黄河上的浮桥，并且沿河驻兵防守。就在张勇为如何渡河而头疼不已的时候，忽然得到消息说王进宝已经渡河西进了！原来王进宝趁敌军不备，在王辅臣没有设防的蔡湾，利用羊皮筏子成功渡河。由于渡河工具狭小，他只带了一小支军队孤军深入。但就是这支孤军不断穿插、设伏、偷袭，成功将黄河沿岸敌军全部驱逐，最后抵达兰州城下，并切断了兰州的粮道。在后援部队到来后，王进宝又围而不打，兰州城内叛军最后只好投降。王进宝也因此一战成名。

另一员大将赵良栋在宁夏总兵官陈福被杀后迅速赶往宁夏，斩杀了带头造反的士兵，然后对其他人表示既往不咎，迅速平定了一场兵变。他善于练兵，后来

---

① 张勇的爵位也是三等精奇尼哈番。

被康熙盛赞为"天下第一良将"。张、王、赵后来被称为"河西三汉将",这三人也成为之后平定王辅臣、恢复陕甘的主力。

陕西、山西向来被称为京师的"右臂",与山海关外被称为"左臂"的辽东遥相呼应,西北的陕甘地区一反,反清军即可进入山西,进逼清朝的心脏——北京。因此王辅臣反清后,清朝已是三面受敌,长江之南几乎尽为叛军所有,吴三桂屯兵于湖广,窥视江北;耿精忠得势于东南,威胁苏杭;王辅臣勾连西北,山西震动;西南的交趾(今越南)与东北的朝鲜①也陈兵边界,蠢蠢欲动。"东、南、西、北,在在鼎沸。"康熙十四年三月二十五日,长城以北的京师附近又爆发了蒙古察哈尔汗布尔尼乘吴三桂起事,煽动蒙古各部叛清的变乱。

布尔尼是蒙古第三十五任大汗、漠南蒙古察哈尔部首领林丹汗之孙,成吉思汗的嫡系后裔,林丹汗当年被皇太极击败,在逃跑中病死于打草滩。皇太极招降了其子额哲,把自己的第四个女儿、公主马喀塔许配给他,并将他统领的蒙古部纳入蒙古八旗。被封为亲王的额哲死后,其弟阿布奈"继娶其嫂"继承了王位,布尔尼即为这位清朝公主所生,算是康熙帝的表兄弟。按照早期的满蒙习俗,弟娶兄嫂是很正常之事,但阿布奈未经请示就擅自决定令清廷很是生气。而阿布奈对祖先败于满人之手也耿耿于怀,他不服清朝号令,曾长达八年不去京城朝贡,连顺治皇帝发丧都没参加。

康熙元年,公主马喀塔去世,按照满洲丧葬习俗,公主生前衣物珍宝都要焚毁,但贪财的阿布奈却一概不烧,反而用来扩充军马,这引起了清廷的警惕。康熙八年(1669年)五月,康熙与孝庄太皇太后以"你祖先坟在沈阳,我们要去祭拜"为名,要求阿布奈同去,诱骗其进京。阿布奈进京后马上被朝廷监禁,以"无藩臣礼,大不敬"的罪名被削去王爵,由其子布尔尼接替了王位。八月,布尔尼来京觐见,临走时奏请见他父亲一面,清廷不许,布尔尼愤怒归去。虽然怀恨在心,但他依旧对朝廷恭顺,只暗地里等待时机发难。

---

① 李氏朝鲜在清太宗皇太极在位时曾受到清朝的两次入侵而被迫称臣,吴三桂起兵反清后,一些朝鲜大臣与儒生上疏国王,要求乘机起兵,向清朝复仇。

吴三桂在云南起兵后，康熙屡次谕令布尔尼率兵南下平叛，但布尔尼都拒不行动。到了康熙十四年，布尔尼闻得吴三桂已兵临长江，清大军倾巢南下，又侦察到京师空虚几乎无满兵，遂决定起兵，从狱中劫出父亲阿布奈，恢复昔日的蒙古帝国。

但他的计划被长史辛柱公主发觉，辛柱暗中派其弟向清廷告密。孝庄太皇太后与康熙皇帝得知后立即召各部蒙古王爷进京议事，以探虚实。有了父亲的前车之鉴，布尔尼自然不肯自入囚笼，最终其他各部蒙古王爷都到了，只有布尔尼兄弟不来。三月二十五日，布尔尼率右翼察哈尔兵三千起兵反清，自称蒙古大汗，宣布"恢复大元"，并向张家口进军，威逼京师。在布尔尼的煽动下，内蒙古奈曼部布鲁特兄弟率族人响应，宣府的察哈尔左翼四旗官兵也发生哗变，毁掉长城边墙投奔了布尔尼。

察哈尔部的叛乱使清朝面临被叛军南北夹击的困境，康熙急命豫亲王多铎之孙鄂札为抚远大将军出师，前往征讨，但苦于手中无兵，又想调遣蒙古科尔沁部与土默特部前去平叛，但又怕两部蒙古与布尔尼合流。最后还是他的老祖母——孝庄太皇太后给他推荐给了一个人选，此人就是在户部做后勤的都统大学士图海。于是，康熙起用图海为副将军出征，因为京师兵马大多南调，"宿卫尽空"，图海只得征召了京师满蒙老弱残兵及八旗家奴数万人前去征剿。

图海率万人出征，因无粮饷，只得放纵属下抢掠所过州县村落。快到目的地时，图海动员士卒："之前你们所抢掠的东西，都是些老百姓家里不值钱的东西。察哈尔的开平（今内蒙古多伦），继承了元代数百年之业，积攒的珠玉宝物不可胜数，你们如能获取一件，就可以终身富贵了！"所谓重赏之下必有勇夫，众人受了物质刺激之后士气大增、踊跃前进。四月二十二日，清军进至达

▲ 孝庄画像

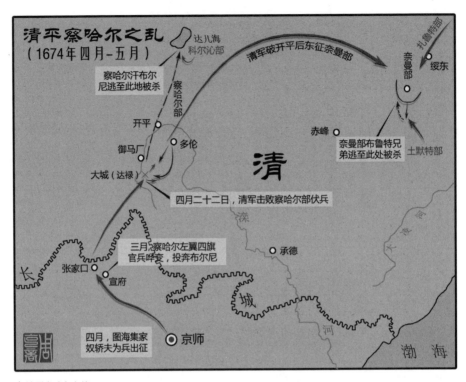

▲清平察哈尔之战

禄（今河北省沽源），布尔尼埋伏于山间，列阵等待。他的埋伏被清军侦察兵发现，图海指挥队伍搜山猛攻，布尔尼亲率大队摆列火器抗击，但图海的骑兵最终冲破了布尔尼的阵地，大破蒙古伏兵。布尔尼两次整军复战，都被击溃，兄弟二人几乎全军覆没，只率三十余骑落荒北逃至科尔沁境内。

这时，科尔沁和硕额驸沙津率军前来协助清朝平叛，因迟到未能与清军会师，行至扎鲁特恰好遇到逃跑的布尔尼兄弟，立即率军将其包围。因布尔尼之弟罗布藏的妻子是沙津之妹，罗布藏是沙津的妹夫，所以罗布藏把妻子——即沙津之妹——送到军前请降，谎称兄长布尔尼已经逃走，自己前来乞命。沙津将妹妹留在军中，命罗布藏先招来布尔尼方可饶命，并遣三十骑与罗布藏同往布尔尼军营中，布尔尼与罗布藏见沙津紧追不放，料难被宽恕，兄弟两人又一同逃走。沙津率骑兵追到后，将两人射死。

之后，图海又号召扎鲁特部击败从叛的奈曼部，杀其首领布鲁特兄弟。经此变故，不但囚禁在盛京的阿布奈被处死，连林丹汗直系后代中的男子也被康熙下令处死，蒙古黄金家族嫡系血统由此断绝。察哈尔部从此被清朝列为蒙古四十八旗之外，官不得世袭，事不得自专，沦为了皇家牧马场。

面对四方逐渐恶化的局势，康熙保持了惊人的镇定，他为了安定惶恐的军心、民心，每日游景山、观骑射，以示胸有成竹。有人投帖子讽谏，康熙看后也置之不理。事后，他回顾往事时说道："当时朕若稍有疑惧之意，则人心动摇，或致意外，未可知也！"

▲ 耿精忠

吴、耿两藩先后反清后，镇守广东的尚可喜却按兵不动，他将吴三桂派来的两名使者及收到的约他起兵的"逆书"一并解往北京，报告朝廷，并宣布与自己的儿女亲家耿精忠——耿继茂的女儿嫁给了尚之信，尚可喜次子尚之孝的女儿则是耿精忠的儿媳——划清界限。为了表示对朝廷的忠贞不贰，他还特意修了一座"尽忠楼"，以示绝不辜负"皇恩"。康熙为表彰尚可喜，特意于康熙十四年正月晋升他为亲王——汉臣能得到的最高爵位。

虽然尚可喜不愿叛清，但广东已被叛军势力包围。康熙十三年四月二十日，广东潮州（今广东省潮安县）总兵官刘进忠举兵叛清。刘进忠原为靖南王部下，后调任广东，耿藩叛清后，刘进忠立即暗地里与耿精忠联络，发动兵变，于四月二十二日把耿军迎进了潮州城。

刘进忠在潮州府反清后，只有普宁、惠来二县不从。尚可喜得知刘进忠反叛后立即向朝廷报告，并派其子尚之孝、尚之节统兵讨伐刘进忠，尚军连破数县，屡败叛军，尚之孝收复程乡（今广东省梅州）、平远、饶平、大埔、澄海等地；尚之节率兵自程乡间道进入福建，沿途恢复了大埔县（今广东省大埔北），逼近潮州，四面受敌的潮州已成孤城。惊慌失措的刘进忠想要求救于耿精忠，但此时郑经已航海入闽，攻下了漳、泉二郡，潮州通往福州的道路已为郑军截断，刘进忠只得转而投靠郑经。郑经封刘进忠为"定虏伯"，并派大将刘国轩等人率众万余来救，尚军寡不敌众，退守普宁。

就在粤东战火蔓延的时候，又传来了粤西的高州总兵、原明朝锦州总兵官祖大寿第四子祖泽清在六月间反清的消息。祖大寿乃吴三桂的舅父，早在清太宗时期就投降了清朝，祖泽清算是吴三桂的姑舅表兄弟。祖泽清叛清后招引广西叛将马雄等军进入广东，连陷雷州、廉州、德庆、开建、电白等郡县，尚军屡战失利，叛军直抵新会，逼近首府广州。

粤东郑军刘国轩部与刘进忠合军后，于康熙十五年（1676年）春节前的除夕攻破了尚军在普宁的大营，乘胜追击，一举占领了广州外围的博罗，东西两路反清军已经分别兵临肇庆、惠州，离广州不到两百里，广州省城已危在旦夕。各地"土寇"也趁机起事，聚众煽乱，碣石、程乡、东莞等地陆续投降叛军，郑经水师亦由靖海、甲子所登岸，围攻惠州。一时"粤东十郡，竟失其四"。耿精忠大军进犯江西建昌、抚州和赣州，吴三桂也派军东进，攻占了江西袁州、吉安等地，与耿军形成掎角之势，切断了江西清军和广东之间的联系。吴三桂在派军压迫尚氏投降的同时，还派人游说尚可喜长子尚之信，许其"世守广东"，利用尚氏家中父子兄弟之间的矛盾，诱其倒戈归降。

面对东西受敌、日益恶化的局势，已七十三岁的尚可喜忧愤交加，老病加重，考虑到自己年老病多，不足以应付事变，长子尚之信虽然勇猛但有酗酒恶习，常凌虐下人，不足以托付大事，不想把王爵传给他。尚可喜手下有个心腹谋士名叫金光，博学多才，善于出谋划策，尚可喜凡有大事必召他商议，对他很是信任宠爱。但金光此人却颇为自负，不欲屈居人下，曾经从尚可喜军中逃跑。尚可喜深知人才难得，急忙派兵丁将他抓回——为防止金光再次逃跑，竟将他的脚筋挑断！因此，金光又被称为"跛金"。

康熙十年，尚可喜因年老多病，奏请康熙批准尚之信回广东管理政事。尚之

THE YOUNG VICE-ROY OF KANTON.

▲ 骑在马上的尚之信

信回到广东后，发现父亲将王府的大小事务都交与金光处理，对金光把持王府大权十分不满。金光惧怕尚之信，于是在尚可喜面前进言："安达公①刚而多虚，勇而寡仁，若继承王爵，必不利于国家，请废他立次子（尚）之孝。"尚可喜也怕尚之信掌握兵权后招惹来灾祸，于是向朝廷奏请将自己的王爵传给次子尚之孝，康熙马上同意，并晋封他为亲王（汉人晋封亲王的，此前只有吴三桂一人），下令尚可喜保守广东，牵制叛军。尚可喜急需援兵，康熙心急如焚，赶忙从山东等地抽调兵力南下，但路途遥远，半年里五次调兵，只有五分之一的兵力抵达广东。

尚可喜任贤不任长使尚之信怀恨在心，被剥夺王爵继承权后，他更加怨恨，常常骂诸弟为"杂种"，对母舅、姑丈及父亲手下的奴仆不是鞭打就是杀戮。尚之孝得知自己袭爵后其兄十分不满，竟不敢承袭王爵，要求辞掉。尚可喜左右亲信和妻妾也十分害怕，日夜在尚可喜面前哭泣，乞求"善后之计"。尚可喜病重，

---

① "安达"为皇帝赐给尚之信的称号，为义兄弟之意。

对尚之信也是无可奈何。

这时，尚之信得到了吴三桂答应事成之后，让他世守广东的密信，于是在康熙十五年二月二十一日发动兵变，炮击驻防广州的满兵大营，并发兵封锁父亲的府第，接受了吴三桂"招讨大将军"的封号。

病重的尚可喜闻讯气急，挣扎着起来要投缳自尽，被左右发现救下，从此被软禁，困顿病榻、苟延时日。十月二十九日，忧病交加的尚可喜一命呜呼，临死前还不忘取出清太宗赏赐的冠服，穿戴起来向北叩头。他对诸子说："吾死后，必返殡海城（今辽宁海城），魂魄有知，仍侍奉先帝。"说完溘然而逝，年七十三岁。尚之信夺取大权后立即逮捕了劝尚可喜不要把王位传给自己的谋士金光，并且立即处死，报了私仇。

夺下大权后，尚之信派人逼迫尚之孝退兵。三月，被围困在惠州的尚之孝穷蹙无粮，不得已向吴三桂请降，吴三桂命他退兵广州，将惠州、归善、博罗等地让与郑经，双方遣使通好，以东莞、新安、石浓为界。郑经留刘国轩守惠州，刘进忠等人则领兵回潮州。

虽然投吴反清，但尚之信没有得到多少好处，吴三桂只封了他个"辅德公"，后见他愤忿不满，才晋封他为辅德亲王。后来因战事紧急，吴三桂又屡次向尚之信索取重金助饷，他先是令马雄驻屯三水（今广东省佛山市三水区），索取饷银十万，尚之信只得给了吴军十万饷银。谁知没过几天，吴军又来催要饷银百万，尚之信只给了三十万，吴三桂嫌不足。除了要钱外，吴三桂还派亲信赴广东任两广总督和广东巡抚，分割尚之信的权柄，尚之信因此心生不满，吴三桂屡次催他出兵大庾岭助战，他都予以拒绝，而是坐镇广州城中天天饮酒、不问政事。吴三桂以为尚之信没有大志，对他不以为意。

从"叛降"吴氏，到"归正"清廷的两百八十余天里，尚之信未派一兵一卒与清军作战。有史家云尚之信首鼠两端、见风使舵，坐山观虎斗，想要从中渔利；也有史家认为尚氏是为保地方，假意从叛，《尚氏宗谱》中记载：尚之信曾以蜡丸藏书，上奏北京，称自己是假意降吴，实为保护地方，待清廷援兵来到即行反正——所以之后清兵一至，广东就即刻"反正归降"了。

四　王耿归降

自古汉人逆乱，亦唯以汉兵剿平。彼时岂有满兵助战哉？

——康熙

康熙十三年初，吴三桂的前锋已抵达湖北境内、长江南岸的松滋，与清军大本营荆州隔江对峙。原明朝领土的三分之一都已被吴军收复。

虽然吴军已经饮马长江，但实际上没有利用清军未集的大好形势趁势北进。吴三桂的许多部将对大军停顿不前、不过长江十分不解，谋士刘玄初也写信劝说：
"我军已经旗开得胜，应该一鼓作气、直捣黄龙，现在却屯兵不进，待清军四方之兵集结，则坐失良机，大事去矣！弱者若与强者争斗，弱者之利在于速战速决，强者之利在于比拼实力；富人与贫者打官司，贫者钱少，希望尽快将案子完结，富者则乐意把案子拖得长久一些。西南地区素来贫瘠，云南一隅之地的财赋抵不上江南一郡。现今吴越之财货、山陕之勇武，云集荆、襄、江、汉之间，我军若与清军久持，如同弱者与强者较量实力，贫者与富者比拼财富一样，必定对我军不利啊！"吴三桂读了这封信后无动于衷。部将中有人提出兵贵神速，应"疾行渡江，全师北向"，经襄阳北伐中原，直捣燕京；还有人提出舍荆州而不攻，顺江东下，直取南京，占领长江下游后断绝清朝的南北漕运；又有人提出出兵巴蜀，进据关中，进则由山西向北京进军，退则塞崤函以自固……但吴三桂一律不听，任由吴军在松滋驻屯了三个多月。

虽然吴军完全可以渡江长驱而进，但吴三桂有几分顾忌，他始终对满洲的八旗精兵颇有惧意，当有将领提出渡江北进时，他"密戒"道："你们不知虚实，我与他们一同用兵多年，其骑射是最不可挡的。如今我们依山阻水，还可以自守，若到平原地方，你们如何敌得过。"另外，吴三桂云南起兵之前就曾谋划二策：一策为以云南为根据地起兵北伐，进可攻、退可守，但耗时漫长；另一策为假意同意撤藩，待行至河南时突然发难，直捣清朝腹心，吴三桂以后策太过冒险而采取了前者。待起兵之后，年老气衰的他不敢冒险，"欲出万全，不肯弃滇、黔根本"，他担心主力渡江北上后，中道受挫，会陷入进退失据的境地。入京觐见的朝鲜使臣也看出了这一点，在向朝鲜国王报告清朝形势时指出了吴三桂的战略错误："吴

▲ 满洲八旗军装

三桂如有大志，扫清中原则必已深入，现尚据一隅而不进，其无大志可知也！"

另外，吴三桂还抱着能与清朝"裂土议和"的幻想，希望清朝放回其子吴应熊，与他划江而治，所以不愿再冒险北进。他不但托西藏五世达赖喇嘛居中向清朝说和，还将被扣留在云南的礼部侍郎哲尔肯与翰林院学士傅达礼放回了北京，让他们捎信与康熙皇帝，希望清朝与他讲和、"裂土罢兵"。

还有一说，吴三桂进驻衡阳后曾去衡山岳神庙占卜，庙有一只如同铜钱大小的白色"神龟"，这只专门用来占卜的白龟被奉为神灵。吴三桂得知后前去占卜，他把全国山川地图放在神座前，将白龟置于地图上，心中祝祷，看此龟究竟走向何方。只见白龟在图中踟蹰盘旋循走，始终不出长沙、常德与岳州之间，后转至云南而止。占卜三次结果都一样，吴三桂暗暗吃惊，不敢轻出湖南，亦不敢渡江。

不过吴三桂的期望落空了，康熙收到他的信后表示：要么束手投降，要么被剿灭，朝廷绝不会与"叛军"妥协。康熙十三年四月，吴应熊父子被处死的消息清廷已通告全国，吴三桂得到消息时正在饮酒，听到后霎时脸色大变，手也不禁发抖，把杯子放下，老泪纵横地说道："今日真是骑虎难下啊！"他一向善持两端，进退有据，现在清廷诛他爱子幼孙，已表明与他势不两立，绝不妥协！吴三桂失算了，他已经如同过河的卒子不能后退，只能拼命向前了！

不管吴三桂屯兵不前的原因究竟是什么，吴军屯兵不进给了康熙调兵遣将、集结兵力的宝贵时间。至康熙十四年四月，清朝已初步完成了对各战略要地的兵力部署，南下的清军已经迅速进入武昌、荆州、彝陵、郧阳等战略要点，形成了一道严密的防线，遏制吴军北上。为保障防线及时得到补给，康熙又采用了供给渐进之法，即"以备应援""络绎奔赴"，若湖南有警，金陵（今南京）驻兵可旦夕而至，金陵有事，则调安庆之师来援，再调兖州之兵充实安庆，由远及近，如流水增援，使战场上"无鞭长不及之虑，无远征劳顿之苦"。

虽然康熙不断向前线增兵，战局却一直毫无进展。荆州已聚集了十万满汉大军，但主帅顺承郡王勒尔锦①面对敌军畏缩不前，只知敛取地方财物，一味向朝廷索饷要兵，对康熙要求他渡江作战的命令一再拖延，一直拖了两年；统帅尚善等将领每天除了批阅和上报军情，无事可做，便整天高卧在营帐。济尔哈朗之孙、简亲王喇布率兵到了江西后只待在城中，不敢出战；西北战场的"定西大将军"董鄂也是胆小如鼠，躲在西安深居不出，听任叛军攻城略地。康熙任命这些皇亲国戚为帅，是觉得自家人比较可靠，谁料这些皇室贵胄承袭父辈的爵位后养尊处优，大多庸懦无能，压根没见过千军万马的战阵，根本不敢亲自上阵与敌军硬拼，与清朝刚入关时敢攻敢战、所向披靡的开国老将形成了鲜明对比。清军的畏缩与吴三桂的顾虑，导致战场上出现了长期的僵局。

吴三桂将主力精锐近二十万人布置在湖南，并以七万人马据守岳州、澧县等地。岳州位于湖南东北部，长江南岸湖面宽阔的洞庭湖畔，三面环水，乃长江中下游的水陆要冲之地，洞庭湖水又与长江一脉相连，洞庭湖的水军可以顺流而下出长江。占有此地，便可断绝南北交通。吴三桂特别重视此城，特意派自己的侄子吴应期率数万精兵防守。为了固守该地，吴军又在与陆地相通的一面挖掘了三道壕沟，筑起了堡垒，设置陷坑、鹿角，阻挡清军的骑兵；并在洞庭湖峡口处打下木桩、竹签，阻止清兵水军船只进入湖内。

吴三桂一面在岳州、澧县水陆要冲部署重兵，使荆州清军不能渡江；一面先发制人，由长沙分兵进入江西，力图打出一条去福建的通路，与耿精忠会师。康熙十三年九月，吴军进入江西，连陷袁州及萍乡、安福、上高、新昌等诸州县，与耿精忠军形成东西夹击之势。康熙得知，急忙命安亲王岳乐统率大军进入江西，先后收复上高、新昌、万年、新城诸县，再克广信、饶州。吴三桂的女婿夏国相坚守萍乡，清军久攻不下，双方在江西陷入僵持。

除在东路进军江西外，吴军还从四川进入陕西，沟通兴安、汉中的叛军，企图与王辅臣会合。在湖南战场，吴三桂于康熙十四年五月到达松滋，调来大批战船，扬言渡江与清军决战，并声称要决开夹堤以江水灌入荆州城，使得清军大为紧张。

---

① 其父是清初"八大铁帽子王"之一的勒克德浑。

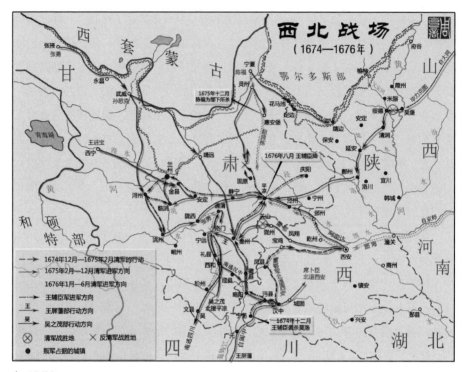

▲ 西北战场

但这只是吴三桂的声东击西之计，他摆出进攻姿态是为了吸引荆州的清军，暗地里却分出驻守岳州的部分精兵进据宜昌东北的镇荆山，约会杨来嘉、洪福等反清势力，准备攻打夷陵（今湖北省宜昌市夷陵区），企图经此联络湖北郧阳、均州、谷城等城，打开通往西北的通道，与王辅臣合兵，将湖北战场与陕甘战场连成一片。但这一企图遭到了清军的反击，防守荆州的清军统帅勒尔锦令贝勒察尼率部拦江阻击，吴军六十多艘战船被清军夺去，企图北上的吴军被击退，被迫退回宜都（今湖北省宜都市）——湖南战场也形成了相持之局。

在东、西、中几个战场上，西北陕甘地区临近京师，对清朝威胁最大，甚至连朝鲜的使臣也感到了形势的紧张，称："王辅臣在陕西，只隔山西一省，北乃北京，切急之忧也！"三十年前，李自成就是以西北陕甘地区为基地，经山西进军北京，灭掉了明朝的。于是，康熙决定先扑灭西北的叛乱。

康熙以为陕西久久不能平定，是因为"乱首"王辅臣据守的平凉未破，决定"擒贼先擒王"，重点用兵剿灭王辅臣。而秦州位于兰州、巩昌、平凉与汉中之间，清军若夺取此城，便可从中间突破，切断各地反清军之间的联系，掌握军事上的主动。

康熙十四年三月四日，定西大将军多罗贝勒董鄂率大军抵达秦州城下，并将此城包围。围城半月后的四月二十日，从四川和平凉来援的叛军万余人向清军袭来，城内八千余名叛军也蜂拥出击，企图里应外合夹击围城的清军。双方激战数次，叛军均未得逞。这时，甘肃总兵孙思克率援军从巩昌赶到，闰五月二十五日，秦州的叛军陷入绝境，只好投降。清军乘胜追击，又收复了秦州附近的礼县、清水、西和等县。

失去秦州后，王辅臣大为惊恐，急忙将精兵收缩至平凉。清军围困秦州时，西宁总兵官王进宝包围了被称为"河西五郡咽喉"的兰州，清军扎下相连的营寨围攻，屡次将冲围的叛军打回城，被围困的叛军企图造木筏偷渡黄河逃跑，被王进宝沿城外黄河岸边设置的伏兵击退。击溃叛军后，王进宝又到城下予以招抚，六月二十七日，走投无路的叛军献城投降。

在此之前，另一位汉将张勇也率部包围了巩昌，围困了两个月，王辅臣急派三千余人从东门潜入城中援守，双方开炮激战，死伤颇重。六月二十五日，安西将军穆占等率援军抵达巩昌，大军云集城下招抚城中军民，叛军陈科等接受招抚，率众出降，巩昌十七州县被清军收复。八月初三，张勇部收复阶州。六月二十九日，平逆将军毕力克图率领的满蒙联军进入延安，收复了延安府所属肤施、保安、宜川、安定和陕甘边界的重镇定边。

就在清军扫清了平凉外围据点，王辅臣指日可灭时，又生了变故。兴安（今陕西省安康市）游击将军王可成等人复叛，并与四川叛军会合。清军军粮告匮，清将席卜臣被迫率部撤离汉中，退往西安。兴安的叛军与四川叛军会合后，攻陷旧县关，逼近西安。

康熙得知后大怒，在他的督促下，董鄂、毕力克图等部于八月十五日抵达平凉，但兵力不足，围城不严，只能远远地离城驻扎。得到清朝大军向平凉集结的消息后，吴三桂急令四川吴军前去支援，王屏藩率军攻秦州；吴之茂率部出川，屯兵单家口；

谭弘以所部增援平凉；在兴安的叛军也出击，进犯商州……虽然王辅臣在平凉只有兵四千余名，但因平凉的清朝大军怯战不敢强攻，又围城不严，吴三桂派来援助的一千多名云南土司兵竟全部进入了平凉城，导致清军围困平凉四个月都未攻下。董鄂又以满洲贵族自居，看不起汉将张勇，张勇感到董鄂轻视自己，也不愿与其合作攻取平凉，于是上疏称自己兵力单薄，不愿离开巩昌。各地叛军乘隙起事，相互支援，形势一时又急转直下。

在围城期间，康熙仍未放弃对王辅臣的招抚，一再申明王辅臣反叛是被"逼胁"，并表示"既往不咎"，希望王辅臣"悔罪来归"。王辅臣则使出诈降之计，他上奏康熙表示愿意归降，但借口"如何安抚兵民"，皇上"天语未及"，又以手下官兵疑惧瞻顾为由边谈边打，争取时间。九月初三，王辅臣还寄书一封给董鄂，求他为自己说情，要求皇帝在午门颁旨，赦他无罪，并派有威望的大臣前来受降。康熙看出这是王辅臣的缓兵之计，指出："秦州诸处官兵来降，朕悉赦其罪，王辅臣怎能不知？况且先前朝廷使臣至今仍被他扣押。"提醒董鄂"王辅臣乞降乃是诡计，为的是苟延时日、延缓我军进攻"，并告诫道："勿因其诈言，耽误进兵之计。"九月十七日，王辅臣再次给董鄂写信，提出三项要求：一以士卒皆怀畏惧为由，要朝廷先放回他前次派遣的使臣；二要皇上再次下诏赦免其罪；三要求投降后仍驻守平凉。

愚钝的董鄂见了三项要求，不但不气愤，反而上疏为王辅臣说情，希望朝廷"宽宥其罪"，并称"现今大军仅够围城，若贼军势穷突围，难保王辅臣不逃走"。康熙见了董鄂的上奏大为气恼，斥责董鄂"一意专主招降"，道："此乃王辅臣缓兵之计，为的是诱我缓兵……如王辅臣驻守平凉，吴军进攻西安、逼近秦州，难保王辅臣不趁隙复叛也。"

康熙屡次催促进兵，但董鄂畏惧王辅臣骁勇，迟迟不敢进兵，旷日持久的平凉之战毫无进展，康熙于是决定换将。康熙十五年二月二十六日，康熙以贻误军机为由罢去董鄂多罗贝勒和议政的资格，降为闲散宗室，起用平定布尔尼之乱的图海为"抚远大将军"，总辖陕西满汉大军出征，前往平凉。

图海是满洲正黄旗人，因康熙二年征剿大顺军余部郝摇旗、李来亨有功，屡次升迁，后任户部尚书。图海大智大勇，康熙十三年察哈尔蒙古首领布尔尼反清，就是他平定的，为清廷解除了北顾之忧。所以，康熙特意命他全权总管陕西军政事务，前去救急。

三月十七日，图海率大军抵达平凉。康熙又谕令张勇从巩昌、毕力克图从延安、孙思克从洮州前去增援，并从荆州前线抽调了三千满兵去平凉。五月十七日，会攻平凉的清兵已达十万人马，包围了平凉城。图海军抵达平凉后，诸将请求乘势攻城，图海道："仁义之师，先招降然后才攻打。我凭借皇上的天威，讨伐这些凶残的逆贼，不用担心无法攻克。但顾念城中数十万生灵，他们没有一个不是朝廷的赤子，如今惨遭叛贼劫掠到这种地步，覆巢之下，杀戮一定很多。等他们主动投降归诚，体现圣主好生之德，不是更好吗？"并特意将话传到城内，城中军民听说后莫不感泣，多有出城来投诚者，城中人心因此逐渐动摇。

之后，图海勘察了地形，决定先取城北的虎山墩——此山冈高数十仞，若得此冈，便可俯视全城、鸟瞰城中，而且这里是平凉通往西北饷道的必经之路，王辅臣夺占固原后，特意在这里部署了万余精兵，步兵在前、骑兵在后，且布列火器挨牌防守。

图海抵达平凉的第二天就向虎山墩发起了进攻。为争夺此山冈，清军以步兵为前驱、骑兵殿后，并以火器助攻，轮番进逼，双方从上午一直激战到午时，士兵被杀伤及坠崖而死者不可胜数，王辅臣军支持不住相继败阵。图海又令穆占等军驻守平凉山南，用红衣大炮轰击内城，南北夹击，终以重大代价夺取了虎山墩。此战之后，清军军威大振。城中被围时间已久，粮饷断绝，以致杀马为食。清军把大炮运至冈上，居高临下向城内发射，城内顿时一片惊慌，军民恐惧。胜利在望之际，图海又"剿抚并用"，他趁城内兵民惶恐之际，派遣幕客周昌进城劝降，王辅臣势穷粮尽，表示愿意归降。历时一年零六个月的陕甘之乱宣告平息。

虎山墩之战二十七天后的六月七日，王辅臣将平凉军民册与吴三桂所赐的"平远大将军印"等物献给图海，表示归降。王辅臣虽已投降，但仍心怀疑惧，不肯面见图海。图海再次派周昌与侄儿进城极力安抚，在王辅臣提出要见他时，图海单枪匹马到城下与其相见，王辅臣被图海的诚意感动，在六月十五日出平凉城，亲自到图海营帐中"叩头谢恩"，并立誓再无二心。

康熙得知图海仅用旬月就收复了平凉后非常满意，下令恢复王辅臣的原官职，并加太子太保，升为"靖寇将军"，留图海与他一起留镇陕西，命其立功赎罪，并抽调兵马，以前锋统领穆占为帅前往荆州助剿吴三桂。王辅臣手下的将吏，康熙也下令一律赦免。对立下大功的图海，康熙帝做了七言绝句诗赞颂：

> 两朝密勿重元臣，秉钺登坛西定秦。
>
> 钟鼎功名悬日月，丹青事业画麒麟。
>
> 威名万里作长城，壁垒旌旗壮远征。
>
> 绥靖边陲驰露布，凯旋立奏泰阶平。

平凉归降后，陕甘局势急转直下，来与王辅臣会合的吴之茂得知平凉已破，便于六月二十六日夜从秦州退却，清军佛尼勒、张勇、王进宝等部率军追击，大败吴军，吴之茂仅以十余骑越山而逃；穆占也与六月二十七日击败王屏藩，恢复了礼县；八月三日，张勇攻取阶州，叛军献城投降，固原、庆阳、嘉峪关等地也相继投诚，关陇地区基本平定，吴军被逐回四川，陕西只有汉中与兴安两处仍被吴军占据。

在东南战场，清军也取得了一系列胜利。耿精忠反清后不到一年，陆续攻占了浙江和江西的二十余城。清军发起反攻，收复了抚州、饶州、徽州等地，虽然未能完全夺回被耿军攻陷的府县，但阻挡住了耿军的攻势，使进入江西的耿军始终未能进入湖南与吴三桂会师。双方激烈交战，反复争夺金华、衢州等地，互有胜败，一时胜负难分。

康熙十四年正月，浙江的清军在桃花岭击败耿军，收复了处州。处州丢失后，耿精忠深感不安，下令发起反击围攻金华，并企图夺回处州，但被清军击退，未能如愿。围攻衢州的马九玉部也未能得逞，被清军赖塔部击败。八月十日，清将傅喇塔又在浙江大败耿军曾养性部，夺回仙居（今浙江省台州市仙居县）。曾养性退守黄岩（今浙江省台州市黄岩区）茂平岭，企图凭山带江阻止清军。清军探明经土木岭可通黄岩，这里有四十里路不能骑马，连耿军都认为此处险要，没有派兵守卫。傅喇塔于是与杰书秘密商议由此地进兵，清军悄悄伐木运石开通栈道，从土木岭间道突袭，出其不意直攻茂平岭，耿军猝不及防，纷纷逃窜。清军乘胜直趋黄岩，曾养性不敢久守，趁夜突围，败走温州而去。傅喇塔率军围攻，但温州三面环水，易守难攻，清军不能由陆路进军，围城数月，久攻不下。

二十日，另一支清军到达乐清，这里的耿军已逃得无影无踪，清军得以安然进城。九月三日，清军追至永嘉上塘，与三万耿军相遇，双方水军从早晨一直鏖战到傍晚，不分胜负。但清军最后还是占了上风，耿军万余人被斩，被缴获的军器物资堆积如山。清军将领自诩此役"大战大胜，从古所仅有"。十九日，连战连胜的清军又攻下了青田县，逼近福建。

在江西战场，康熙十四年四月十五日，安亲王岳乐率清军克复了江西建昌、宁州。但由于农历五月江南已进入夏季，天气炎热，北军十分不适，于是岳乐撤军南昌，避暑休整。在江西乐平的耿军趁势进攻，饶州再次被攻陷，省会南昌受到威胁。清军组织反击，于闰五月二十六日重新夺回饶州。五月下旬，以满洲兵与土默特蒙古兵为主力的清军收复了广信城和附近诸县，但在六月二十五日攻取建昌东部的石峡（在江西建昌东部，临近福建）时，因天气炎热，人困马乏，误中耿军埋伏，死伤惨重，被迫退回新城（今江西省黎川县）。

在福建，郑军攻下了漳州。漳州守将黄芳度之父海澄公黄梧原为郑成功部下，顺治十三年（1655年）他据海澄叛郑降清，不但使郑成功失去了数百万计的军械粮饷，而且失去了一个拱卫厦门的重要据点。顺治皇帝为表彰其功，特意加封他为"海澄公"。耿精忠反清后传檄招降黄梧时，黄梧正生背痈，见到檄文后愤急于心，背痈迸裂病危，死前向儿子黄芳度交代后事时嘱咐儿子千万不要从叛，并且要提防台湾郑经来袭。第二天，黄梧痈溃而死。黄芳度接管军务后即招募兵勇日夜训练，假意降郑，采取"坚与耿拒，伪与郑和"的政策，私下里暗通清朝。

郑经怀疑黄芳度有二心，要他出城助战，黄芳度不从，于六月起兵反郑。当年黄梧叛郑后曾挖掘郑成功在南安的祖坟，杀郑芝龙也是他提议的，所以郑经对他有切齿之恨。康熙十四年，郑经亲自带兵围困漳州，用巨炮猛轰漳州城，五十几丈城垣被毁。黄芳度率领守城军民冒着炮火，且战且筑城修复雉碟，经过近半年的攻防，郑军仍屡攻不下。期间尚可喜曾遣兵来救，但只攻入福建永定，最终无功而还。十月，城中粮食已尽，守城中军总兵吴淑之弟吴潜私通郑经，开东门献城。黄芳度率兵巷战，最终不敌，在开元寺投井自杀，郑经深恨黄家挖掘毁坏郑家祖坟，进城后下令"有藏黄氏一人者灭族！"将黄氏三十余口尽行诛杀，又将黄芳度的尸首从井中拖出五马分尸，并发掘出黄梧棺椁戮尸以泄愤。

随着战事的持续，到年底时耿军粮饷已现匮乏，叛军四处掠取，士卒逃亡，百姓怨恨，人心惶惶，内部已出现分裂迹象：总兵张存屯于顺昌，不听耿精忠调遣；邵武总兵彭世勋按兵不动，已暗通清军，表示如进攻福建，愿做内应。

在清朝大军逐渐逼近福建的同时，康熙也未放弃耿招抚精忠。他发出招降的诏书，令在京的耿精忠之弟耿聚忠奔赴浙江前去招抚。耿精忠因在战场上接连失利，也想给自己留个后路，于是将自己反清的责任都推给了范承谟："我已极王位，又欲何为！？我之所以反，皆系范总督（范承谟）逼反，待我它日归顺，面见皇上之时，与范总督做个对证！"但他自知造反之罪重大，又对康熙许诺的免罪、王爵不变十分疑惧，所以并未决定马上归降。

与此同时，清军也未停止进攻。康熙十五年二月，傅赖塔率军向温州进军，曾养性凭江固守，清军激战累月也未抵达城下。清军遂改变战略：舍弃坚城，围而不攻，由傅赖塔继续进攻温州；浙江总督李之芳固守衢州、金华，康亲王杰书则由金华移师衢州，主力准备由仙霞关直捣福建。

就在清军即将进兵福建时，突然传来了吴三桂派大将高得捷（一说为高大节）和韩大任出醴陵、进江西，经萍乡攻陷吉安的消息。

原来在康熙十四年六月，湖南清军侦察到岳州城防坚固，很难正面攻取，康熙帝便下令改道江西，由侧翼的袁州进取长沙，南北夹攻岳州。

康熙十五年二月十六日，和硕亲王岳乐率满汉大军在湘赣交界的萍乡连破吴军十二寨，大败吴三桂的女婿夏国相，歼灭万余人，夏国相弃印败逃，将萍乡这一战略要地丢给了清军，使清军直逼长沙城下。夏国相本是个骄奢淫逸的纨绔子弟，驻守萍乡时"淫掠酗酒，歌童舞女充斥营中"，清军来攻时，他不敢硬拼，畏战而逃。按军法，损兵折将、弃印而逃，当重治其罪，吴军将领韩大任劝吴三桂杀夏国相以正军法，但吴三桂竟对他十分宽容，仅将他削去两级了事，引起其他将领不满。

安亲王岳乐统率的大军攻克萍乡和醴陵后，于康熙十五年三月一日自江西逼近长沙。岳乐发兵十九路，自城北铁佛寺后到城西南，长数十里。吴三桂得知长沙危急，急忙调集诸将增援，也发兵十九路在城西布阵迎战，结营岳麓山，横亘数十里，军容甚盛！这时被清军围困在吉安的吴军派信使前来长沙求援，一向忌惮清军骑兵的吴三桂却一反常态，特意将信使留下："你于壁上观看我军容，回去后告诉东方诸豪杰（指耿精忠和郑经等人）。"吴三桂为激励士气，扬言要亲自出马与岳乐决战，手下诸将苦苦劝住，都表示要誓死奋战。见激将法奏效，吴三桂便坐在浏阳城楼上观战，并命吉安来的信使也立在城楼上看吴军如何击败清兵。

战斗伊始，吴军大将王绪一马当先，领兵冲入清兵营中。清军将王绪数千人围困数重，吴军旗帜淹没在清军包围中，击鼓鸣金声也听不到。城上所有人大惊失色，吴三桂也有些惊慌，以为王绪已全军覆没。正惊疑不定间，呼声动天，清军骑兵纷纷坠马。王绪领兵冲出包围圈，势不可挡。吴三桂侄子吴应贵、大将马宝与夏国相等一起去搏战，酣战中吴应贵被箭贯穿腮部后落马，夏国相力战才将他救回营中。清军穆占部趁势追至城下时，突然冲出一队巨象猛冲奔突，清军阵势被冲垮，骑兵被大象踩倒，顿时乱作一团——原来这是吴军事先在山冈下埋伏的四十余头大象，专克清军骑兵。清军毫无防备，惊骇之下纷纷败退。

这场血战一直持续到中午天忽降大雨，双方才各自收兵。吴应贵伤重身死，清军失利后又无力围城，便扎营掘壕，与吴军相持。而吴军则凭借湘江之险和水军优势入城而守——清军无一条战船，根本无力从水上进攻。

在这种情况下，为了分散包围长沙的清军兵力，并切断岳乐由江西进入湘粤的通道，吴三桂于二月派高得捷与韩大任率军数万再次入赣，援助耿精忠。高得捷乃一员骁将，其部卒皆是精兵，他趁清军正全力进攻萍乡、袁州（宜春）的空隙，一举攻陷吉安。吉安一失，江西通广东的道路也被切断，清军无法进入广东，被迫撤回广信。要进军福建的清军右翼也受到威胁。高得捷又率精兵北袭新喻、清江、高安、奉新，屡挫清兵，简亲王喇布屯兵南昌，不敢出援。康熙屡次催促，喇布才派兵出城交战。康熙十六年（1677年）正月，两军战于南昌城西的大觉寺，高得捷只率百余骑出战，入斩清将，夺旗而出。清军战败后仓促弃营而逃，高得捷带兵进入清军营地，饱

▲ 清军水师图

饮而归。面对近十万清兵围城，只有四千精兵的高得捷丝毫不惧，双方对峙不下，直到六月清军都未收复吉安城。

康熙十五年六月六日，耿精忠叔父耿继善焚毁营盘，突然从建昌、新城撤走，康熙得知后，料到"闽中必有海寇入，故撤兵自救"，急令杰书趁势进军福建。原来郑经与耿精忠分歧加剧，关系破裂，已经兵戎相见。

尚之信在广东宣布反清后，吴三桂鉴于湖南、广西、广东、福建等省已经连成一片，于是约会耿精忠等人在江南会师。郑经也派出使者到湖广吴三桂处，约期会师，希望"共清中原，同拜孝陵"。但吴、耿、郑三方结成的反清联盟昙花一现，很快又归于破裂。

郑经本来就对吴三桂自立大周和耿精忠不奉明朝年号十分不满，这时，耿精忠的三路大军节节败退，军心动摇，郑军在尚之信反清后接管了惠州，已拥有闽粤漳、泉、潮、惠四座首府，实力大增，但其周围都是反清"盟友"，已无清朝领地可以夺取，于是与耿军摩擦渐生。五月，耿精忠预会合吴三桂军，于是征召汀州总兵马应麟出兵，马应麟顾虑前来接替他的总兵蔡达算计自己，不愿出兵，暗中联络郑经，表示愿献城与郑军。郑经大喜，但又顾虑已与耿精忠"和好"，如果背盟占领汀州，"诚恐为天下笑"。但他手下的冯锡范等人力主招降马应麟，郑经经不住诱惑，派兵收取了汀州。耿精忠大为不满，这次轮到他指责"盟友"背盟了，他怒斥道："本藩之所以屈意修好，欲全力出攻浙右，会师江南。岂料共誓之墨迹未干，即败盟背约，收我叛将，侵我疆土！"并派人与吴三桂的使者一同前去，责备郑经。耿、郑同盟再次破裂。

郑经背盟的做法也引起郑军内部一些人的争论，吏官都司陈俊音就向郑经进言："耿、郑联合，漳、泉就安枕。两军唇亡齿寒，有耿军在浙江抗清，郑军才能安居于后，若同仇敌忾，郑军助其一臂之力，大事可成。如果贪利背盟，必定失同仇之义，耿军若势窘，我师也必定忙蹙。"并建议从广东兴宁进军，直捣赣州，与吴三桂会师。但郑经目光短浅、心胸狭隘，听不进逆耳之言。

七月，清军集结于衢州，准备趁耿郑交恶之际大举进兵，因为衢州顺流而下可通金华，溯流而上可达仙霞关，为通闽之孔道，所以此地成为两军必争之地。八月十五日，赖塔率满汉大军趁夜夺取了耿军储粮之地大溪滩，向九龙山挺进。

这时刚巧马九玉也遣军来劫营，两军相遇于江上，彼此莫辨。清军连发大炮，耿军猝不及防，仓皇溃退。原来马九玉立营在九龙山顶，山下密布梅花桩阻挡清军，出兵时仅开一小径，士兵鱼贯而出，军队出营后随即闭关而守。此番耿军突遇清兵，耿军溃败后，关内耿军惊惶之下怕清军攻入，急忙关闭关口，以至于自家败兵无法逃入关内，败卒逃到山下，既不能渡江劫清兵之营，又不能退回营中防守，被清军追杀，精锐被歼灭殆尽。

次日，清军火焚九龙山的耿军营垒，马九玉仅以三十骑逃遁。清军收复常山后，又于二十日分路夺取仙霞关。守关兵将势穷力竭，被迫献关投降。夺取仙霞关后，清军长驱直入涌进福建，马不停蹄疾行三日，于二十三日攻克浦城。打通入闽通道后，清军势如破竹，九月三日又克取建阳县（今建阳市），再追至建宁，耿军不守，纷纷闻风溃败。

而此时在江西，安亲王岳乐命将军希尔根击败耿精忠大将白显忠，恢复了建昌和饶州，"江宁将军"额楚收复广信，白显忠降清。而台湾的郑经乘虚侵扰兴化（莆田）等地，甚至杀败耿军，一度进逼福州——清军逼其前，郑军扰其后，耿精忠腹背受敌，其部众望风而逃。耿精忠想要调曾养性从温州航海回援，但水师将领朱大贵已经率领舟师降清，他调度失灵，已是穷途末路。

在大军压境的同时，清军再次招降耿精忠，对其展开心理战。其书曰："尔蒙累朝厚恩，世受王爵，正当遇时立功以承先诸，乃溺于奸计，自取诛夷。圣上念尔祖父之功，凡尔在京诸弟，俱留原职，如旧豢养，复遣尔弟招抚，因不得前进还京。今大兵屯仙霞岭，长驱直入，攻拔漳城、浦城，乃闽省财赋和要地，咽喉既塞，粮运不通，建宁、延平旦夕可下。与其系颈受戮，曷（何）若率众归诚，仍受王爵，保全百万生灵，况郑经与尔有仇，尔当助大兵进剿，立功雪耻，何久事仇人为！"

耿精忠想要投降，但又畏惧罪重不赦，于是答复道："自愿归诚，但恐部众不从，致兹变患，望赐明诏，许赦罪立功，以慰众心，乃可率属降。"希望清朝再下一道赦诏，赦免其罪，才肯投降。此时福州已遥遥在望，若再向朝廷请示，往返必定耗费许多时间，于是康亲王杰书不理耿精忠的要求，继续进军，于九月底经建宁抵延平（今福建省南平），守城大将耿继美献城投降，福州已近在眼前。"配合"

清军的郑经大军也逼近兴化。耿精忠"前后受敌"，惊慌失措，欲率水师航海外逃，但其亲信徐文焕手握重兵已暗地降清，他一面匡住耿精忠不让他出城，一面寄密信给杰书，希望他"速进兵，迟恐有变"。耿精忠走投无路，这才决定投降。但他又害怕被他拘押的范承谟向朝廷揭发他的叛逆之罪——范承谟被耿精忠囚入牢中已有两年半，在狱中备受折磨，但他一直坚守"臣节"，无论耿精忠如何威逼利诱，都不改初衷。耿精忠见范承谟囚而不死，决定杀人灭口。康熙十五年九月十六日半夜，耿精忠派手下到狱中逼范承谟自缢，并将他的尸体焚烧，将余烬骸骨丢到野外。为斩草除根，连同范承谟的幕客、家属甚至看守他的狱卒共五十三人，都秘密处死。

十月初四日，耿精忠率文武官员出福州城投降，迎接康亲王杰书与诸将入城。

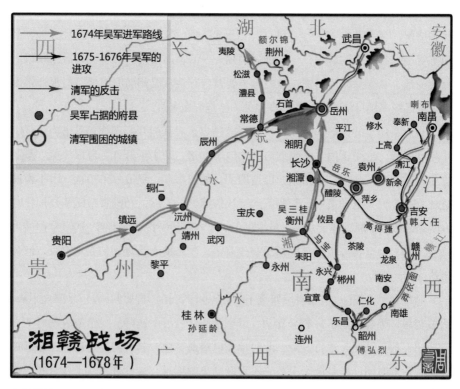

▲ 湘赣战场

康熙闻讯大喜，令耿精忠仍保留靖南王爵位，以示安抚，命其率所属部众随大军征剿台湾郑经，图功赎罪。耿精忠投降后，散留在江西、浙江的其他叛军将领失去依靠，也纷纷放弃抵抗；固守温州的大将曾养性献城降清；广东原潮州总兵刘进忠也随之投降。但驻兴化和邵武的守将不愿降清，而是献城归降了郑经，沿海一些城镇也仍被郑军占据。

在清军的配合下，耿精忠怀着复仇之心向郑经发起了反击，康熙十六年正月二十九日，清军在兴化城西北的太平山围住了赵得胜的二十六营官兵。赵得胜向郑经手下的大将何祐求援，但何祐怀疑赵得胜与清军勾结，赵得胜"指天为誓"，何祐仍不信，只是登高远望，眼看着赵得胜部被清军歼灭。最后，赵得胜战死，何祐也被清兵击败"蓬发而逃"。清军一举收复兴化城，并于二月初九日攻克泉州，郑军不敌，放弃漳州、海澄等地。不到半年时间，福建重镇邵武、汀州、潮州、惠州等地先后易手，郑经也自食恶果，于十月败回台湾。清军未经大战，即恢复了漳州等十余城，闽地悉平。

康熙十六年初，康熙用剿抚并行的手段迫使陕甘的王辅臣与福建的耿精忠归降，在剪除了吴三桂东西两翼的盟友后，他可以腾出手来对付叛军的主力——吴三桂了！

五　湘北决战

五载踌躇常恭默，会当灭此乃朝食。

——康熙《收复岳州作》

康熙十五年初，清军开始转守为攻，西北王辅臣已于六月降服，叛军被逐回四川；在陕西汉中与兴安的叛军与四川叛军的联系也被切断，局促一隅，只能束手待毙；十月，东南的耿精忠宣告投降，福建安定。吴三桂失去了两大外援，两翼已被剪除。

十二月九日，耿精忠降后不久，见清军形势好转的尚之信即发密信与和硕简亲王喇布，表示愿意归降，迎接清军入粤。康熙十六年四月二十四日，"镇南将军"莽依图自江西赣南统兵入粤，二十九日抵达江西与广东交界处的南安（今江西大余），守将献城投降。清军进入广东，取南雄，直抵韶州（今广东省韶关市），假降孙延龄的傅弘烈也开城"迎降"。傅弘烈早在康熙七年（1668 年）的时候就向朝廷报告吴三桂图谋不轨、蓄谋造反，当时吴三桂气焰方张，朝廷正依仗其领兵平西，所以将其打入在牢，革职论斩。康熙九年（1670 年），傅弘烈遇大赦减死，被谪戍梧州，在孙延龄手下任事。吴三桂反后，傅弘烈也假意从叛，接受吴三桂"信胜将军"的封号，进入广西思州、泗城、广南、富川诸土司地，募得义军五千人后突然移檄宣布讨伐吴三桂。吴三桂大怒，特遣马雄至柳州杀死傅弘烈一家百余口以泄愤。

五月四日，尚之信率省城文武官员宣布"归正"、"迎接王师"进入广州，康熙下令让他承袭平南王爵。潮州刘进忠已于五月间剃发降清，盘踞在惠州的郑将刘国轩不敌，弃城遁回厦门。

清军入粤，尚之信归清，使得湖南的吴三桂军后路有被切断的危险，为避免腹背受敌。吴三桂分兵三万，派马宝与胡国柱等大将进至湖南与广东交界的宜章，企图拿下广东乐昌与江西的南安（今江西省大余县），进而夺取位居五岭之脊的韶州，切断由赣入粤的通道。

韶州城三面环水，只有东南一面有陆路可通。从七月至九月，吴军与清军在韶州城下鏖战数月，不分胜负。胡国柱与马宝担心清军援兵前来，于九月二十四日夜率所部万余人渡江至西岸，隔断清军水运，列营城北笔锋山上，居高临下向城内发炮轰击。韶州城墙被吴军火炮轰塌，清军只得退入土城固守。正在危急之际，江宁将军额楚率清军援兵赶到，莽依图趁机从城内杀出，内外夹击之下，性情急躁的胡国柱也指挥将士猛攻，双方伤亡惨重，死尸如山。狡诈的马宝深知硬拼无益，先坐视不战，后来竟率部弃山逃回衡州。吴军大败，胡国柱手下精兵损失殆尽。在琼州的吴军大将佟国卿举城降清，据守高州、雷州、廉州的祖泽清也杀掉吴三桂派来的将领，同时降清，

▲ 康熙十六年六月十四日敕平南王尚之信招抚吴三桂部下谕

各地官吏纷纷投诚，清军不战而定广东。

入粤失利后，吴三桂来到衡州，派马宝取道宜章，进入广西富川。比起广西将军孙延龄，吴三桂更看重另一员大将马雄，他试图调解两人的矛盾但不见成效；屡次胁令孙延龄出兵湖南助战都被孙氏以"部众不从"为由婉拒，这让吴三桂疑心大起、恼恨渐生。孙延龄反清的意志本来就不坚定，又因吴三桂偏爱马雄心生不满，反清后他向吴三桂上疏，具名而从不称臣，而且自行铸印设官，双方关系逐渐紧张。他的妻子孔四贞也不愿自己父亲在清朝的"一世英名"毁于一旦，于是不断劝说孙延龄降清，她上疏称自己时刻都在思念太皇太后和感念皇上的恩德，并代丈夫上书乞降，得到了康熙帝的准许。

孙延龄在家里惧怕孔四贞，加上属下庆阳知府傅弘烈不断劝说，他的意志逐渐动摇，暗地里决定归顺清朝，并派傅弘烈到江西与清军会合，因此有傅弘烈迎接清军入粤之事。

孙延龄要归顺清朝的事很快被马雄侦察得知，告诉了吴三桂，于是吴三桂密令兄长的孙子吴世琮，以调解孙马两家矛盾为由赶赴桂林除掉孙延龄。吴世琮勒兵桂林城外后，派人请孙延龄前来议事，孙延龄不知是计，出城相见。议事完毕后，孙延龄刚出营上马，就被吴军埋伏的苗兵杀手从背后一刀刺死。孙延龄与孔四贞的独生子也被吴世琮杀害。除掉孙延龄后，吴世琮为了笼络原定南王部属，客客气气将孔四贞及其亲属等人护送到了昆明①，派兵留守桂林。至此，吴三桂将广西置于他的直接控制之下，已无后顾之忧。

清廷新任命的广西巡抚傅弘烈闻孙延龄已死，不待清军来援，即率所部进入广西，袭克梧州、收复浔州（今广西桂平市）。另一员清将莽依图率军由封川（今广东省封开东）进兵，十二月二十日，傅弘烈与莽依图两路清军会师于贺县（今贺州市），兵围平乐。吴三桂得知后立即增调精兵，派吴世琮率军水陆来援，吴军渡过桂江，先攻破了傅弘烈等部的绿营兵。这时恰逢江水泛涨，驻扎在桂江北

---

① 孔四贞在昆明被软禁了八年。康熙二十一年（1682年），清军攻下昆明，三藩之乱被平定后，孔四贞才回到北京，孑然一身的她在西华门附近的南北长街居住了三十多年，在余生一直为所有死于战乱的无辜者诵经。她于康熙五十二年（1713年）去世。

岸的莽依图所

部八旗满兵见水流湍急，不敢渡江，又见对岸绿营兵溃败，也不敢久留，赶忙撤退回了贺县，后以粮饷不济为由退到梧州，将傅弘烈收复的州县丢给了敌人。莽依图临阵退缩，引起了傅弘烈极大不满，两人互相上疏参劾对方。康熙得到报告，下令尚之信发精锐万人，多备火药、火炮，急速增援广西。反正后的尚之信仍旧专横跋扈，甚至不把康熙帝放在眼里，他曾对两广总督金光祖说道："皇上欲我出兵，怎不与我一黄顶带？"一次宴会酒后，他又恐吓巡抚金儁："要不是我归正，你怎能到广东？凡事当顺我，不独吴三桂能杀巡抚朱国治也！"当金儁劝他送已成年的儿子进京入侍以示忠心时，他断然回绝："天下未定，岂宜令孩童远行？！"接到康熙的谕令，不愿去广西的尚之信以广东初定、人心不稳，他不能轻离广州为由不听调遣。虽然他屡次抗命、仍持两端，康熙因此时正集中力量消灭吴三桂，为了广东不再出乱子，仍宽容和安抚尚之信。

就在康熙调兵增援广西之际，吴军已趁平乐大胜，大举反攻，把清军收复的浔州等府县陆续夺回。到康熙十七年（1678年）三月时，广西仅存梧州一府还在清军手中，由傅弘烈坚守。三月二十二日，又传来已降清的高雷总兵祖泽清在广东高州复叛的消息，祖泽清迎接吴世琮渡过桂江，先击败傅弘烈所部的绿旗兵，两军合流，有东犯广州之势。一时广东震动。康熙皇帝对反复无常的祖泽清痛恨已极，命尚之信亲征除之。尚之信奉命于四月十一日抵电白（今广东省电白县），大败叛军，祖泽清趁夜逃走，十九日，清军恢复高州，并招降了雷州府。

重新肃清广东后，清军已从浙江、福建、江西、广东的东南沿海对吴三桂形成了半圆形的包围圈，在完成对吴军的外线包围后，清军开始从内线向湖南推进，北攻岳州、长沙，南部则从赣、粤逼近衡州，对吴三桂形成南北夹攻之势。

康熙十六年十一月三日，"征南将军"穆占率部进至江西永新，矛头直指邻近江西的湖南茶陵。茶陵临近衡州，有水路可通，如果夺取此城，即可打开通往湖南的门户，威胁西面重镇衡州。

十一月十四日，穆占领兵由永新进兵茶陵，吴军弃城而走，清军不战而得茶陵。占领茶陵后，清军乘胜追击，又攻破茶陵之北的攸县。十二月十四日，都统觉罗画特率军攻克湖南东北部、邻近江西的平江，此城处于岳州与长沙之间，清军一旦占据该地，就可以切断吴军的南北联络。

清军取得茶陵、攸县后，打开了从湖南东南部进兵的缺口，并迅速扩展战果，至康熙十七年三月，清军已夺取了湖南东北部的平江和湘阴；四月前后，穆占所辖清军已连续攻克湖南的郴州（今湖南省郴县）、桂阳州、兴宁（今湖南省资兴市）、宜章等城镇，收复临武、嘉乐等数县，进兵至永兴。茶陵周边十余州县已连成一片，进入湖南的通道已经打通，清兵可以畅通无阻由江西、广东源源不断进入湖南了。

清军要想攻克湖南，关键在于岳州和长沙。岳州、长沙两城形成掎角之势，最前线的岳州是长沙的屏障，长沙则是吴军的粮食基地，粮饷全赖长沙水路运送，如吴军丢失长沙，则岳州的饷道就会断绝，将孤悬无助；如吴军失去岳州，清军就会水陆齐进，势如破竹，长沙也不能久存。康熙认为"岳阳、长沙势如两足，只要断其一足，另一足也不能独立"，主张同时进攻岳阳、长沙，只要能攻取一城，便可夺取主动权。吴三桂也深知此理，不断构建工事，不但为二城配备了大量火器、火药，而且挖掘深壕陷坑，设置木桩、象阵，将二地筑为坚城，令清军屡攻不克。

在湖南建立稳固据点的同时，清军在江西也取得了进展。康熙十六年三月二十一日，又传来了吉安被清军攻陷的消息，原来吴军接连失利，内部军心动摇、士气低落。吉安守将高得捷与韩大任不和，互相倾轧，最终导致兵败。

韩大任原为亲军铁骑左翼将军高得捷的属下，善于用兵，人称"小淮阴"，但他不甘心屈居人下，一有机会就巴结有权势之人。韩、高两人曾在吉安清将宅中获得窖金数万两，高得捷想要据为私有，但韩大任却背着高得捷写信密报给了胡国柱，胡国柱立即写信给高得捷，索要所得窖金用以充当军饷。高得捷见煮熟的鸭子飞走，深恨韩大任出卖自己，快快不乐。韩大任因巴结有术，很快被晋升为"扬威将军"，与高得捷同级，得以与他分庭抗衡。高得捷感觉受辱，郁郁成疾，不久病死于吉安。

高得捷病死后，韩大任独掌兵权，他每天闭门坚守，以诗酒自娱，不以军事为念，清军为夺回吉安，由简亲王喇布率十万之众围困此城。韩大任惧清军势大，不敢出战，写下血书向吴三桂求救。吴三桂得知吉安被围，急派大将马宝为帅，与王绪等人率兵九千增援。王绪认为救兵如救火拯溺，大军应急趋仅距百里的萍乡，援兵一到，吉安之围立解；但马宝畏战，他认为清兵大军围困吉安，萍乡一带必有埋伏，吴军若误入伏中，肯定全军覆没。如果由衡州渡江，经耒阳、永兴进入江西，无敌阻挡，虽耗费时日，但必定万无一失。王绪只得勉强服从。

经过半个多月的行军，吴军才进入吉安府境内，马宝先派人混进城中通报援兵将来的消息。韩大任却怀疑马宝已降清："我听说马帅已投降清兵，你来到底是真是伪？"来人道："马帅已想到此一层，临行嘱咐我以'棒槌'两字为暗号。"韩大任沉默良久，才说道："马帅如果真来援，可到城下免去胄帽，有头发在，我自当出面会他。"但马宝军至吉安河西与清军接战，受阻于江水，又无舟船，不能抵达城下，又见城中寂然，无一人一炮响应，疑虑而不敢前进，遂被清军击退。城中的韩大任则怀疑清军用计诱自己出城，也不敢接应马宝，以致错失良机。

吉安城久久等不来援兵，又被清军重重围困两百余天，城中粮饷断绝，将士饥饿，已无守城之心。吴三桂见韩大任坚守不出，屡次派人催促，甚至"肆意辱骂"。韩大任不肯受辱，决意弃城逃走。康熙十六年三月二十一日夜，韩大任率残部悄悄出南门浮水渡河，逃跑时发炮击鼓，搞得声势喧嚣，防备松弛的清军以为吴军趁夜前来劫营，各营惊扰不止，乱成一团，到天亮才得知韩大任已经弃城逃跑了。

韩大任逃出重围后，逃到宁都、乐安之间，接连奔窜数地，清军一边紧追不舍，一边行文招抚。韩大任手下幕客孙旭颇有谋略，深得韩大任信任，韩大任深夜从吉安逃出，就是他出的计策。这时，耿精忠与尚之信已经相继降清，东南一带已经尽归清朝，孙旭见韩大任势穷，于是劝他降清。九月九日重阳节这天，孙旭与韩大任登高望远，在山岗上谈起天下大势，孙旭趁机劝说："如果广东相连福建，平凉掎角汉中，天下胜负尚未可知。现今听闻王辅臣倒戈降清，恐耿精忠、尚之信相继归诚。没有广东，则湖南腹背受敌；无平凉，则汉中动摇，四川坐以待毙。安危存亡之机不可不察！"韩大任听了不由心动，这时，福建布政使姚启圣等人也前来劝降，于是康熙十七年二月间，韩大任至福州向康亲王杰书投降——吴三桂由江西袭取江南的计划也宣告失败。

除了军事上不断失利，吴军的粮饷也逐渐捉襟见肘。滇黔两省的粮饷历来仰仗江南诸省的供给，吴三桂以西南一隅之地对抗全国，仅一年有余就军需拮据。

连年的征战，云南、贵州储积的粮草已逐渐用尽，官员的俸禄和衙役的工食都被征用充作了粮饷。偏偏又遇荒年，米价高涨，一石米价格高达白银六两，盐价贵至每斤三四两银子。吴三桂因军需不足，只得征催加税，今年的钱粮未征完，又开始征明年的钱粮，搞得民怨沸腾、怨声四起。加之战况毫无进展，吴军"逼洞庭而不能渡，得剑南而不能守，仅徘徊于衡湘之间"，士气逐渐低落。

为了安抚民心、鼓舞士气，吴三桂接受手下诸将官的劝进，决定继位称帝，最后选定于康熙十七年三月一日在衡州继位。他的部属匆匆在衡州市郊南岳之麓雁峰寺旁边先筑一坛，置办御用仪仗等物，来不及建造宫殿朝房，仅构筑庐舍草屋万间作为朝房，宫殿之瓦来不及改成黄色琉璃瓦，只用黄漆涂抹了事。三月一日，吴三桂头戴翼善冠、身穿大红衣，骑马出宫至郊外，登坛行冠冕礼。正行礼间，忽然天阴下起了大雨，仪仗都被雨水打湿，泥污不堪，群臣大为扫兴，礼仪也草草而罢。

吴三桂即皇帝位后，定国号为大周，改元"邵武"，以衡州为都城，改名"定天府"，册封妻子张氏为皇后，封吴应熊庶子吴世璠为"太孙"，并设置百官，加郭壮图为大学士，仍留守云南，晋升胡国柱、吴应期、吴国贵和马宝为大将军，封王屏藩为东宁侯，赐予尚方宝剑。

吴三桂的建国称号并未给他带来多大好处，大多数的亡明士绅本来就对吴三桂起兵时自立周王、不复明室大失所望，现在更怨恨他了。吴三桂致书联络福建沿海的郑经，称"大周皇帝致书郑世子殿下"，尽管吴三桂赞扬郑经"殿下英年壮士，仗侠大义，卧薪尝胆"，但郑经十分不满，笑称吴三桂"老而反愚，妄自尊大。英雄失望，恐不能久也"。针对吴三桂的年号"昭武"，一些儒生文士还编出了民谣来讽刺："横也是二年，竖也是二年"①。又有人这样解析"昭武"二字："昭"字为"斜日"加"刀口"，斜日已过午，不可久照；日又在刀口之侧，主凶兆，谓吴三桂不久必死！"武"字可拆分为"止戈"，即干戈将止，天下即将大定。

---

① "昭"字横竖都是二笔。

▲ 吴三桂发行的铜钱

为赶快攻破长沙、岳州，康熙不停添兵前线、增造战船，又拨大炮、马匹南下。为解决战马缺乏的问题，朝廷甚至号召文武各官员捐助马匹，康熙甚至将自己的一千余匹御马捐了出来。最后，总计有三千多匹马被送到了岳州前线。

康熙十六年五月，清军已在长沙周遭地区集结了十万人马，战马、舟船也已齐备，与吴军势均力敌。五月三日起，清军舟师两百余只入洞庭湖与吴军水师激战数日，但仍不能突破对方水上防线，被迫撤退。吴三桂见清军力攻长、岳，于是使出"围魏救赵"之计，分兵攻醴陵、吉安，企图夺回湖南和江西的门户，又分遣胡国柱、马宝攻打广东韶州，吴世琮攻取广西桂林，保固湖南的后路，诱使清军分兵各处，疲于奔命。他本人则奔波于松滋、长沙、衡州、湘潭等地之间部署作战。

吴三桂的分兵出击打乱了清军的部署，使清军无力集结兵力攻打长沙和岳州。康熙十七年三月，清军穆占部攻下湖南郴州和永兴后，从南部包抄耒阳，逼近衡州。在衡州的吴三桂急令马宝迎战，清军大队人马进入永兴北六十里的盐沙岭谷口时，突然伏兵四起，谷口也被堵住，岭上火枪连发，原来马宝已在此打好了埋伏。清军进退不能，根本无法还击，只能听任吴军攻杀。此役，吴军大获全胜，歼灭清军万余人。

就在双方互有攻防之际，吴军内部又生变故。刚起兵时，吴三桂的谋士方光琛就提醒吴三桂："吴应期妄自尊大，夏国相轻浮浅露，此二人必不可重用。"吴三桂点头表示同意，起兵后不用夏、吴二人。但夏国相与吴应期结交，鼓动左右在吴三桂面前互相称赞。吴三桂食言自肥，还是任人唯亲，重新起用了二人，把防守岳州城的重任交给了亲侄子吴应期。

为了固守岳州重地，吴三桂在城中积蓄了三年的储粮，平时不许动用。在荆州与岳州相持期间，两军对峙，不相攻战，两地商贾还可以互相出入贸易，甚至各自设关抽税。当时湖南米价贱而荆州盐价贱，荆州一石米价值一两银子，湖南一石米只要三钱，但在荆州一钱一包的盐，到湖南就贵至三钱一包，两地商人做买卖，议定以五包盐换一石米。守岳州的吴应期为人贪婪，以为用三钱之米换一两五钱之盐乃是有奇利的好买卖，这个便宜不可不占！于是倾仓倒换，所得的银两尽入私囊。应发的军饷不足，就随意克扣，以致士兵们怨声载道。他手下的一名王姓总兵极力劝阻，他不听，反而大怒，要除掉此人。王总兵十分害怕，密带三百人投降了清朝。

▲ 康熙十八年七月十二日钦命安远靖寇大将军多罗贝勒察为奖励陈积奋归诚札

康熙十七年三月，吴军中掌握洞庭湖水军的林兴珠投降了清朝。林兴珠原在郑成功麾下为将，长期在海上与清军作战，精通水战。他与另一将领杜辉投诚清朝后镇守辰、沅，吴三桂进军湖南时他们又投降了吴军。吴三桂以林兴珠和杜辉为帅，率水军守卫洞庭湖，扼守布袋口①。林、杜二人督造海船，出入洪波如履平地，船只两侧及首尾装有大小铳炮，遇敌无不击溃，这支水军扼守湖口，使清军寸板不得入。

林兴珠精通水战，他掌握吴军洞庭湖水师，屡次击败清朝水军。但他与吴应期不和——吴三桂称帝后晋封吴应期为楚王、岳州总统将军，诸将领入府祝贺。吴应期自恃权重位宠，对林兴珠等人傲慢无礼，责令他行下属之礼走脚门入府，林兴珠不服，不肯就范，于是二人关系紧张。吴应期怀恨在心，向吴三桂进谗言，

---

① 布袋口，古名横房口，又称"高山望"，位于今岳阳飘尾芦苇场，原系水域，是岳州通往洞庭湖西南滨湖各州、府、县的通道和要塞。民国年间淤积成洲，布袋口已不复存在。至解放时，《洞庭湖地形图》上已找不到"布袋口"之标示，所在地统称为"高山望"。

说林兴珠心怀不轨，欲行谋反。吴三桂听信谗言，下令将林兴珠调至湘江，让杜辉守布袋口。林兴珠大为不满，见吴三桂日益败落，于是遂有秘密降清之意。恰好这时湘阴县的县令也寻思投降清军，原来，马宝自永宁败还，所过之处兵将奸淫掳掠，湘民惊慌逃遁，他好心贴出告示安民道："马将军御军素有纪律，虽小有不利败归，所过秋毫无犯耳，不必惊避。"马宝见了"败归"二字，以为知县故意羞辱他，不由大怒，扬言要杀此知县。湘阴县县令见得罪了马宝，心生恐惧，便与林兴珠准备密谋降清。但他们在准备搬移家属时事情败露，仓皇中林兴珠从湘潭只身渡江投清。

清军见林兴珠来降，开始还不敢相信，但吴应期打消了清军的疑虑，因为很快就传来了林兴珠儿子被吴军杀害、妻子被充军云南的消息，清军得知大喜，立即将封林兴珠为"建义侯"，并对他委以重任。林兴珠熟悉湖南水道，又掌握吴军水师机密，他反戈降清，使吴军的水师优势随即丧失。林兴珠家属被害，急于报仇，将岳州城内外防御情况全部告诉了清军，并献计献策助清军攻破岳州，形势愈发对吴三桂不利。

另一员水军大将杜辉原来也是郑成功的部下，后来投降吴三桂，他精通水战，造出的飞船长四十尺、围二十尺，两头尖锐，分为三层，上中两层左右各有三十六尊大炮，下层左右各安置二十四桨，在洪波大浪中来往迅驰，如履平地，清军的乌船、沙船都望尘莫及，不敢拦截。后来，杜辉接替林兴珠为岳州水师主将，为挽救岳州，他多次驾此船在清军水师的重重包围中，冲往衡州运送粮米火药回岳州，往来贡献颇多。康熙十八年（1679 年）正月，杜辉再次前往衡州偷运粮食，战船被清兵水军设下的铁钉和渔网缠绕，不能动弹，杜辉被迫跳水，只身潜入湖底逃回岳州，引起吴应期怀疑。这时，杜辉在清军中的儿子杜国臣暗地里派人来说降杜辉，吴应期得知后不由分说就下令把杜辉和同谋之人都处死。岳乐得知后，借吴军内部互相猜疑，屡设反间计，吴应期不辨真假，抓住假证即杀，引得部属人人自危、惶恐不安。加之清军围城长沙日久，长沙粮道已断，岳州城内原储存的粮食已被吴应期倒卖出去许多，余粮很快被几万军队用尽，城中军士开始挨饿忍饥，逃兵日益增多。岳州城内外的百姓饿得苦不堪言，都痛恨吴应期，编出民谣传唱："吴应期，吴应期，杀了你献康熙！"

▲ 康熙皇帝穿着盔甲，手持弓箭画像

在围城的同时，清军还发布告示招抚城中吴军官兵，并让已投清的林兴珠等人现身说法，鼓动、劝降敌兵，在清方的政治攻势下，吴军内部逐渐解体，许多吴军官兵开始背吴投清，络绎不绝向清军投降。

康熙十七年八月，清军已在岳州城外集结了六七万人，备战的船只数百只，军需粮饷充足。但岳州城还是迟迟未攻下。康熙逐渐焦躁，又担心满兵不服水土，挫折锐气，按捺不住的他提出要亲统六师、御驾亲征。正在议政王会议极力劝阻康熙亲征的时候，前线突然传来一个重大消息：吴三桂死了！

六 大乱平息

恭读平定三逆方略，而知期战胜于朝庙者数端：一则不蹈汉诛晁错之辙，归咎于首议撤藩之人；二则不重达赖喇嘛裂土罢兵苟且息事之请，力申天讨；三则不宽王贝勒老帅养寇之罪，罚先行于亲贵；四则重用绿旗诸将等，以从古汉人叛乱，至用汉兵剿平……

——（清）魏源《圣武记》

战事进行到第六个年头时，清军已经进入全面反攻。吴三桂在四川、湖南、广西三个战场上的形势已岌岌可危。

康熙十七年六月，为挽救危局，吴三桂在死守衡阳的同时，还派大将胡国柱和马宝猛攻永兴，企图夺回衡阳的这个门户，并危及郴州。吴军三面环攻，昼夜不息，城墙被炮火轰坏了，城内清军就急速用竹篓布囊盛土填补，且筑且战。简亲王喇布屯兵在茶陵不敢救援，郴州的穆占则将应援永兴之事推给喇布处理，也不敢救；吴三桂还亲自部署，再攻两广，派吴世琮一度夺回了除梧州外的几乎整个广西。但北部的岳州岌岌可危，如果岳州失陷，那么湖南门户洞开，局面将不

▲吴三桂铜像

可收拾。但此时由于用兵南线，他已无力北上援岳。加之用兵日久，师老粮匮、部属涣散，投清者日多，吴三桂已感到力不可支，常常自言自语哀叹道："何苦！何苦！"

这一月，吴三桂结发正妻张氏又病死，精神再次受到打击，情志不舒、形容憔悴，于八月突然得了"中风噎嗝"之症——不但半身不遂，而且吞咽困难，吃不下东西，此症由于焦虑过重、心力交瘁、肝火过盛引发。经过精心调治，病虽未全好，但也没有恶化。一天，在休养期间，突然有条狗窜到了吴三桂的案几上端坐，吴三桂受到惊吓，以为此乃不祥之兆，病情迅速恶化，以致口不能张合，加上得了"下痢"（即痢疾），腹泻不已，百般调治终不见效。吴三桂自知来日无多，速命他的孙子吴世璠来衡州，托付后事。

但吴世璠还未到衡州，吴三桂就于八月十八日病死了，终年六十七岁，只做了五个月的"皇帝"。他死后，为防止军心动摇，留守衡州的吴军秘不发丧，紧闭衡州城门，禁止出入，为掩人耳目，每天仍令人到吴三桂房进奉衣食，如同平时一样，暗地里则飞马急召前方核心大将回衡州商议善后大事。八月二十一日夜，永兴的清军忽见城外吴军焚毁营寨，整军急退，直到八月末清军才得知其中缘故。

二十二日，吴三桂的侄子、女婿与心腹将领齐聚衡州，公推吴国贵总理军务，并派胡国柱回云南迎吴世璠前来衡州奔丧。胡国柱到达云南后，向留守的郭壮图传达众将的意见，准备护送吴世璠去衡州继位，但遭到了郭壮图的反对，郭壮图认为云南根本重地，吴世璠不能轻易离滇，他认为湖南若不能守，犹可弃湘楚，守险隘，在云南作"夜郎王国"。加之郭壮图的女儿嫁给了吴世璠，他已经是"国丈"，正争取让小皇帝立自己女儿为皇后，所以他力图把才十六岁的吴世璠控制在自己手中，不准后者去衡州，因此根本不听胡国柱的劝说。胡国柱气得大哭，在城外东郊徘徊数日，郭壮图丝毫不为所动，胡国柱无奈，只好哭着离开云南。

胡国柱走后，吴国贵召集诸将会议，讨论此后方针大计。他首先发表见解称之前屯兵湖南为大误，此时应该舍弃云南而不顾，一军图荆州，略襄阳，直趋河南，剜中原腹心；一军下武昌，顺流东下，断东南之漕运，宁进死、勿退生，与清朝决一死战。虽然此时吴军气势已衰，但清军的重兵已经倾巢南下，都调集到了长江流域——因兵力不足，康熙帝连黑龙江以北的索伦兵都征发来了——黄河南北几成真空，连驻守京师的兵力也为数不多，若依吴国贵之言拼死一搏，乘虚而入，胜负将很难说。但马宝诸将领都力图持重，他们认为吴国贵放弃根据地的建议太过冒险，皆不赞同他的意见，因为大军的家产、亲属皆在云南，若舍弃云南，多年积蓄的家产就将毁于一旦，所以诸将都反对弃滇北上，吴国贵的意见即被否决。

吴三桂死后，吴军迟至十月才发丧，胡国柱等人用棉被裹着吴三桂遗体秘密运回云南安葬，没有去衡阳的吴世璠只迎至贵阳，并在此即帝位，以贵阳府为行在，定明年为"洪化"元年，封郭壮图女儿为皇后。

否决了吴国贵北上以争天下之议后，吴军诸将领准备专力保守云贵。

湖南的清军从五月进入洞庭湖，至十月初时，已达六月，小战屡次，吴军未受大挫，但也不敢倾巢出动，清军也未能把城紧紧围住。吴军为打通粮道，屡次出击；清军为绝其粮饷，于湖水干涸时移泊大小布袋口，以水陆围困岳州，并用数千根木头做成木桩和木牌拦截上游，水陆连营，绵亘百里，阻止吴军水师出入。到十二月，康熙已不惜一切代价把各处兵力倾注于岳州一地，达十万之众，以求全胜！随着围城日久，岳州城内粮食断绝——吴应期贪利倒卖军粮的恶果显现出来，大量吴军官兵开始叛逃，支持不下去的吴应期于康熙十八年正月十八日下午四五时率残部丢弃岳州，向东南方向逃遁。清军急追二百里而还。次日清晨，清军进入岳州——吴军坚守了五年的岳州城终被清军攻下，时刻待命渡江的荆州清军蜂拥渡江，漫江而来，已成破竹之势。

吴应期从岳州撤出后投奔长沙，但也不敢久留，于正月二十九日烧毁船只，弃城而逃，再奔辰州。吴军一撤出长沙，清军随后就入城，长沙不战而得。同日，在江北的顺承郡王勒尔锦率清军渡江，追剿长江南岸松滋、枝江、宜都、澧州等地，吴军多不战而逃。二十四日，勒尔锦抵澧州，逼近常德，吴军纵火焚城后逃遁，清军于十八日进入常德府。简亲王喇布先后攻下华容、湘潭等地，又于二月初七收复衡山县，吴军闻风丧胆，在衡州的吴国贵、夏国相等自度难守，弃城而走，十三日，清军开进了衡州城，吴三桂更名为"定天府"的行在落入清军之手，未能逃脱的一百多名吴军官员降清。

夺取衡阳后清军没有停留，由衡州继取耒阳、祁阳，三月五日，再克宝庆。自岳州失守后，各处吴军皆无斗志，闻风而逃，其势如退潮，清军则马不停蹄紧紧追逐。一方铁骑如云，似疾风骤雨，席卷而来；一方丢盔弃甲，急急如丧家之犬，狂奔逃命。两个月里，清军几乎是兵不血刃，追到一处，即得一处。吴国贵、夏国相和马宝等人弃衡州出逃，投奔永州（零陵），被穆占部击败，再奔新宁，一直逃到湖南西南、接近贵州的武冈才暂时驻扎下来喘息。

清军取永州后继续南下，攻下道州（今湖南省道县）、永明、东安等县城。吴应期、胡国柱等经长沙一直逃到辰州（今湖南省沅陵县），安营扎寨，依险固守。此时，除了辰州、武冈、新宁等地，湖南大部都被清军占领。

辰州邻近贵州、四川，从水陆可直通贵州，其门户辰龙关山势险峻、林木茂盛，人行不易，骑兵不能成列通过，关上丛箐密菁，不敢仰视，不破此关，不能通过辰州。三月间勒尔锦率清军抵达此处，见群山林立、林深路险，加之雨季，畏缩不敢进兵，受到康熙严斥。之后，康熙改命贝勒察尼攻取此关，但察尼仍然畏难不进。吴军

▲ 康熙十八年十一月初八日招抚吴应期敕谕

▲ 辰龙关之战

得以从容部署、构建工事，稳住了阵脚。

在辰州南面的武冈，简亲王喇布在七月率清军向据守的吴军发起进攻。吴国贵率残部两万余人与清军对抗。喇布派穆占部于八月一日先取新宁县，再与安亲王岳乐合军攻武冈。双方在枫木岭隘口激战，降清的林兴珠与赵国祚熟知吴军内情，率清军出击，两军鏖战三昼夜，就在关键时刻，吴国贵误中冷炮身亡，吴军见主帅战死，皆溃，弃武冈而逃。

清军夺取武冈后就截断了辰龙关的后路，康熙十九年（1680年）年初，大将军察尼从间道袭取辰龙关，清军"攀笼缘壁、冒死奋登"，前后夹击，袭破辰龙关，于三月十三日抵达辰州城下。吴军不守，争先逃窜。吴应期退到沅州，刚缓过气来，就准备为自己营造楚王宫殿（吴应期被吴三桂封为楚王），吴军士兵愤懑不已，道："刀刃已架在脖子上了，还造什么宫殿？"众兵一哄而散。清军得了辰州后继续向南进军，轻而易举攻破沅州（今湖南省芷江），吴应期、胡国柱率残部败走贵阳。入黔的道路已经打开，清军下一个目标就是云贵了。

在清军克复湖南全境之际，广西也平定了。康熙十八年正月，在广西的吴世琮率吴军三路继续追击，进逼梧州。清军莽依图、傅弘烈、额楚与尚之信等部水路并进，在城下三路夹击，大败吴军，吴世琮弃营而逃。三四月间，追击敌军至广西横川（今广西横县）的尚之信以"患痔疮"为由退回衡州，后又以"今病日加，有事医疗"为借口退回到了广州。康熙急令尚之信所部受莽依图调遣，随大军进定广西，乘胜长驱直入桂林。四月十九日，清军收复浔州，继续西进，包围南宁。十一月二十一日，吴世琮弃桂林，转而派兵围攻南宁。此时，据守此城的马雄刚刚病死，其子马承荫被傅弘烈说降，清军令马承荫仍守南宁。吴世琮围攻数月，就在城破在即时，莽依图的清军赶到，两军大战。莽依图以额楚军为前锋冲击，预伏精兵于善后截取吴军后路，吴军被彻底击溃，被阵斩六千余人，吴世琮负重伤逃走，被迫自杀，南宁解围，广西全省都被清军收复。

在扫荡湖南残余吴军的同时，康熙料到四川叛军必然闻风震慑，于是下令在陕西的清军向四川发起总攻。康熙十八年十月初二，大将军图海发兵先取汉中，噶尔汉等部自郧阳进取兴安。康熙又鉴于云、贵、川地区山地较多，满蒙骑兵无法驰骋，绿营步兵善于攀登，于是采用"以汉攻汉"之策，特命张勇、王进宝、赵良栋三员汉将率绿营兵打头阵，满兵在后助战，一同进兵四川。

在图海的统率下，清兵冒着严寒四路并进：图海与佛尼勒经兴安，毕力克图与孙思克经略阳，王进宝部经栈道，赵良栋部经徽州，直捣汉中。十月下旬，王进宝部攻克凤县、武关（今陕西省留坝南），乘胜追击，于二十七日直抵汉中。据守此地的王屏藩不敌，引兵从青石关撤往四川广元，清兵收复汉中。毕力克图恢复了成县和阶州；赵良栋部恢复徽州，败敌军于巴都山，收取了略阳。除了从北部进军四川外，康熙又令湖广总督徐治都率舟师溯江西上，直取重庆，又增派总督杨茂勋与徐部会师，协力进剿。图海部则于十月中旬收复了兴安，亲自率兵进驻汉中。

平定汉中、兴安后，康熙立即下令诸路兵马进川，并特授提督赵良栋为"勇略将军"，以重事权。康熙十九年一月初，赵良栋率万余人直逼成都，而王进宝已于去年十二月分兵三路进逼保宁。两军势如破竹，赵良栋部于八日至绵竹，十一日至成都郊区，叛军献城迎降。王进宝部则在保宁遭到吴军迎击，王屏藩与吴之茂于正月十三日出动两万人向清军进攻，清军连破吴军四座营垒，大败吴军。攻城之际，王进宝率先冲至城下，城上的吴军挽弓欲射，王进宝撩起衣襟大声喊道："为何不射我！"城上吴军被王进宝的气势震慑，相顾失色，清军趁机斩关夺桥，一拥入城。王屏藩走投无路，自缢而死。吴之茂等人被活捉，最后被押解至北京，凌迟处死。

攻克保宁后，王进宝部于正月十八日抵达顺庆（今四川省南充市），叛军出降，蓬州、广安州、合州、西充、营山、遂宁等诸州县相继平定。而提督徐治都部则于康熙十九年二月一日恢复夔州，十三日，据守云阳的谭弘等人投降清军，十六日，另一部清军不战而得重庆，守将杨来嘉缴印投降，达州、东乡、太平、新宁、南江、安岳等州县也随之降清，四川全省大部全被清军掌握，已经可以从西南包抄云贵了。

康熙十九年三月，赵良栋奏请以湖广、广西、四川满汉大军分三路进取云贵，约期在八月底诸路齐进，直捣云南。康熙准奏，但这时尚善和莽依图等人已经先后病故于军中，于是康熙"临阵换将"，下令顺承郡王勒尔锦、康亲王杰书、安亲王岳乐、察尼等人还京，对他们的失职与功勋分别给予处罚与封赏：勒尔锦"屡误军机"，被削去爵位及议政、宗人府之职，下令拘禁；杰书以生活得十分闲适，久驻杭州、金华，不能剿敌，被削去军功，罚俸一年；察尼被革去爵位，降为闲散宗室。有功的安亲王岳乐抵达京师时，康熙亲率在京诸王贝勒及满汉大臣，自卢沟桥外二十里出迎其凯旋大军，并召见岳乐至御前，赐茶。换下了这批将领，康熙还提拔、任命了新将，准备与吴军决战。

新任命的三路大将以"定远平寇大将军"贝子章泰为中路统帅，接替岳乐由湖南向贵州进军；第二路由"征南大将军"赖塔为统帅，接替莽依图统领广西满汉军队，由广西南宁出师，进攻云南；第三路统帅为"勇略将军"赵良栋，统率四川与陕西满汉及绿营兵，由四川分两路进兵，先取遵义，后进贵州。三路大军共计四十余万人，几乎占清朝全国总兵力的一半，准备于九月进兵。

正当清军即将出师之际，突然传来了四川再叛的消息。原来，郭壮图等得知清军大兵云集，即将进兵云贵，便挟吴世璠进屯贵州，以拒清朝大军。但吴军兵力损耗严重，此时只剩十余万人，根本不能与清军力拼。于是郭壮图另派胡国柱、马宝、夏国相等将突袭四川，牵制清军，以分散敌军兵力。

康熙十九年六月，马宝占领遵义；九月初九日，胡国柱与夏国相用火药炸塌城墙，夺下了永宁。四川清军猝不及防，连失泸州、叙州、建昌、仁怀等地，已降清的谭弘、彭时亨等人也趁机再次叛清，谭弘率众至巫山，据守万县。夔州府也发生民变，随之叛乱。

四川的反复让康熙大为吃惊，他立即敕令四川官兵进剿，并从进攻云贵的大军中调兵增援，派徐治都会同噶尔汉等部速攻夔州，又遣王进宝往镇保宁，兼守汉中要地。谭弘、彭时亨在攻占永宁诸处之后，又攻陷涪州，两军合二为一，已进至保宁附近，切断了四川饷道。康熙忙派陕西都督哈占速赴保宁固守，又令甘肃巡抚、提督分兵固守略阳、阳平各地。

四川的再叛打乱了清军从四川进军云贵的计划，北路的赵良栋只得专力平息谭弘等人的叛乱，无法如期入滇。就在四川复叛之前，广西柳州的马承荫也再次叛清，早在马承荫于康熙十八年首次降清之际，傅弘烈就向清廷密言孙延龄旧部怙恶反复，宜早为解散，未果。马承荫手下原有七千人，要求分为七营，但朝廷以将军标下"无设七营之制"予以否决，只许设五营，这引起了投降官兵的不满。

加之粮饷匮乏，康熙十九年二月，柳州兵丁发生了哗变。傅弘烈得悉急忙率兵至柳州进剿。谁料二月二十九日，马承荫以开会为名将傅弘烈骗上叛军之船，将他抓住押至贵阳献给了吴世璠，宣布再次反清。傅弘烈被押到贵阳后，吴世璠劝其归降，傅弘烈大骂道："你爷爷未反时，我就上奏皇上，料定你一家必为叛逆。你怎敢以此言污我？"吴世璠见劝降无果，只得将其杀死。

得知马承荫复叛，清军简亲王喇布、金光祖部即奉命攻之，五月攻克柳州，马承荫再次请降，康熙以其"背恩复叛，致误征讨大事"，俘送京师论斩。

虽然在四川的清军未能按期进军，但其他两路军则仍按原定日期出师，康熙十九年九月十二日，湖南的清军自沅州借水路直入贵州，向镇远进发，守城吴军已于清军到达的前一天夜间悄悄溜走，清军兵不血刃就于十月十二日接收了镇远城。康熙得知后立即以七百里加急派驿卒飞驰到镇远，指示清军速取贵阳，并分兵取遵义，断敌军退路，迫使四川的吴军退归云南。

章泰等部按康熙指示，从镇远出发，先夺取了清平，又于十月十七日大破吴军，夺取了平越州，之后挥军速进，不给吴军以喘息之机，于二十一日直抵贵阳城下。吴世璠急召夏国相、高启隆等人从四川还军救援，令马宝、胡国柱等将继续在四川作战。但援兵未到，清兵已进至贵阳城下。吴世璠惊慌失措，与叔父吴应期等率众乘夜逃回昆明。贵阳省城被清军占领，原贵州都督李本琛率大小文武官员献上"伪印札"，向清军投降。

之后章泰挥军奋进，于十一月初先后夺取安顺、都匀、思南等城，平远城（今贵州省织金县）开城投降。十日，清军进至永宁州，击败吴军，突至鸡公背。吴军不守，焚烧盘江铁索桥后慌忙逃走。此铁索桥是云贵之间的咽喉，清军夺取此处就可以长驱无阻，直抵昆明城下。普安土司龙天祐与永宁土司沙起龙等见吴军已败，马上见风使舵迎降了清军，并立即表示愿架设浮桥助清兵渡江。

就在平定贵州省、章泰在贵阳休整等候进兵命令时，吴军以高启隆、夏国相等人为将，发起反击，夺取了平远府。清大将穆占引兵反击，于康熙二十年（1681年）正月二十二日击败吴军，重新夺取平远，大军直奔昆明而去。

吴军在前线屡战屡败之际，内部又发生变故，掌握实权的郭壮图排挤吴氏宗亲，引起众人不满。从湖南逃回贵州的吴应期去朝见吴世璠，家宴时，一向性情暴躁、又多嘴多舌的吴应期想到兵败如山倒，眼看自家性命都难保，就把一切责任都推到了谋士方光琛头上，大骂方光琛是"祸首"，其他人如夏国相等人也追悔莫及，皆失声痛哭，后悔当初起兵，以致落得今日下场。吴应期随吴世璠从贵阳逃回云南的时候，至交水（今曲靖附近交河）附近的时候驻扎下来，没有去昆明。他嫉妒郭壮图把持朝政，企图集结逃散吴军，回到昆明后废掉侄子吴世璠，取而代之。但郭壮图已听到风声，他立即派遣大将线緎打着慰劳军队的旗号率部至交水，骗吴应期前来慰劳军队，乘吴应期无备，将其逮捕，当场用绳索勒死，吴应期在昆明的两个儿子也同时被杀。吴应期一死，大权便全落到郭壮图之手。经此内讧，吴周政权内部分崩离析，人心也更涣散。

除了吴藩内部骨肉相残外，吴军士兵也是怨声载道，从湖南溃退至贵州后，吴军粮饷皆无，在镇远的士兵每月只发五两盐作为补给，士兵只能靠打家劫舍自行解决饥饱问题，谓之"打粮"。吴世璠与郭壮图令胡国柱、夏国相、马宝等人再次进军四川，以牵制清军入黔时，许多士兵都不愿去，道："若是调回云南就去，若是调往别处，我们还是各人取方便吧。"吴军内部已是士气低落，将不听命、兵不听调了。

当清军恢复贵阳时，康熙已令在广西的赖塔率军由南宁出兵云南。康熙十九年十月下旬，赖塔部从南宁出发，经田州（广西田阳县）、泗城（今广西凌云县），抵达西隆州（广西隆林各族自治县），于十一月五日进入云南境内。吴将何继祖聚兵万余，坚守离安笼所三十里的石门坎隘口，此地高耸云天、羊肠石径，号称"石门之险，两山矗立，中通车马，一夫守隘口，万夫莫窥"，易守难攻。赖塔分兵攻之，以一部兵力在关前猛攻，自己与金光祖分兵两路，自关后攀险而上，从后方突袭。赖塔又招徕此地的十二土司，获得他们"所捐之米"，解除了粮草之忧。吴军见势不利，皆撤营逃遁。康熙二十年正月一日，清军击败留下抵抗的苗兵，夺取了此处，收复安笼所城。

何继祖自石门坎败逃至新城所（今贵州省就兴仁县），又聚兵两万余人据守黄草坝（今贵州省兴义县），用大象迎战。二月二日，赖塔率满汉清兵迎战，从早上五六时至午后二三时，连续摧毁敌营二十几座，终将吴军击败。之后清军继续进军，直奔曲靖府，吴军守将向清军投诚。此时吴军大将线緎已在北盘江江西坡（今贵州省晴隆县与普安县之间）被由贵州西进的章泰部击败，逃至交水。二月初五日章泰至安南卫，八日进至江西坡，此地地势险峻、曲折盘旋，小径绕山而上，形如螺纹。吴军依险放出三四十头战象布阵。清军战马受到惊吓，回头奔溃，吴军驱使大象趁势而进，向山下清军发起冲击，清军正红旗兵大败，逃跑了两日两夜方才刹住脚步。此役，清兵死尸如山，死于吴军之手者约十分之二三，互相践踏，被大象踩死、争相逃命彼此格杀而死者约占十分之六七。直至康熙末年，在江西坡下种地的人还能锄出森森白骨，可见当年伤亡之惨烈。

两天后，章泰令清军再次发起进攻，至砂子哨，吴军又驱大象下山拒战，清军则分三路继进，从中午战斗到傍晚，吴军始败，线緎乘夜逃至交水，又遇赖塔遣兵取交水城，断吴军中路，线緎败走。清军恢复新城所、普安州。同时，穆占也收复了黔西、大定诸州府。

康熙二十年二月二十五日，章泰部至交水城，与赖塔所率广西清军会合。之后，两军自交水分路齐进，于二月二十九日进至昆明郊区四十里外，抵达吴军老巢。二十一日，郭壮图遣发马步兵万余人、大象五只出城三十里迎战。两军从早晨激战到中午，赖塔部纵兵夹击，这次是吴军象阵突然大乱，大象反奔，导致军阵大乱，吴军士兵不是跌入河中，就是被大象践踏而死。清军以骑兵左右冲击，最终吴军战败。吴军出战的万余人只剩二十七人回城，清军直追到昆明城下。吴世璠紧闭城门、坚守不出，等待在四川的马宝与夏国相等人的回军救援。赖塔与章泰也顾虑强行攻城必有伤亡，于是在城外连营数十里掘壕围城，准备困死城中的敌军，同时广布檄文招降吴军，不久，大理府、楚雄、姚安府、临安、永昌以及武定府等各镇吴将纷纷投诚。

康熙得知在四川的吴军将回军云南援救，迅速发出指示，严令赵良栋等速行阻击，使之不得至云南。赵良栋分兵两路南下：一路从成都出发，经雅州、黎州，过大渡河，经泸江、建昌、金沙江，出云南武定府；一路自保宁府出发，经永宁直捣云南。

此时胡国柱已放弃叙州，企图奔回云南。驻永宁的吴将宋国辅势孤难支，向清军乞降。三月十五日，清军进入永宁。到四月，四川的叛军已基本被击败，另一叛将谭弘已病死，余众瓦解。赵良栋等将接到康熙旨意，统绿旗兵自雅州起行，东路由哈占统领，也于五月十一日进兵。

在清军的追击下，黎州、建昌、泸州、叙州等地相继被收复。五月，马宝等人从遵义奔回云南，驻守楚雄。清军向其发出招降的谕旨，马宝拒受。章泰遣兵进击，追至乌木山，全军覆没的马宝逃到姚安山中，仅以身免，收集溃卒已不足百人。马宝无处可逃，只得于七月五日至姚安府向清军投降。马宝至姚安府时，身穿服巾深衣，坐着八抬大轿招摇过市，对人道："我不出，必使很多人受到连累，我不惜一死，是为了救一方百姓。"气色慷慨，俨然勇士。清朝提督桑格出城迎接，表示恭敬之意，他大为得意。但几天后与桑格一同饮酒时，忽然心有所动，放下酒杯，他自知难逃一死，不由老泪纵横，涕泪沾须……马宝为人狡黠，反复无常，人称"两张皮"，原为明末李自成部下，山海关大战时受伤被吴三桂俘虏，后跟随清军李成栋部南下进攻南明，李成栋在广东反正归明后他也归降了南明，投靠了势力最大的秦王孙可望，孙可望与李定国内讧时他又倒戈投靠了李定国，后来清军大军入滇时他又再次投降了清朝，被吴三桂收在麾下，最后跟随吴三桂反清。穷途末路之际，马宝派人驮货捎书至家，感念嫂嫂恩泽、兄长教诲，悔恨自己不读书、不谙时势，恃匹夫之勇招致杀身之祸。

果然，康熙得知马宝来降后，特意下旨："逆贼马宝，抗拒大兵，现今无地可逃，力穷势迫，才来投诚！实属可恶！所犯情罪重大，断不可赦。"下令将马宝押送京师凌迟处死。九月末，马宝受刑，但他不吭一声，疼痛难忍时才哼哼几声，最后刀至胸部时大叫一声而死，头也被割下示众，死时五十三岁。

另一员大将吴三桂的女婿胡国柱被赵良栋追至金沙江，七月，他又逃入姚安，遁入鹤庆、丽江一带的山中。赵良栋与哈占遣兵搜拿。胡国柱逃到云龙州（今云南省云龙县南）后料定无法逃脱，于是征求幕客王愈扩的意见，王愈扩答道："君侯不见落花吗？或缤纷于裀席之上，或狼藉于泥土之中……"话未说完，胡国柱已明白，连说："说得是，说得是！先生爱我，敢不受命。"次日即自缢。他手下的将领王绪与李匡为他发丧祭奠后，将家私散发给余部，让他们各自另谋生路，然后命人堆积木柴，底下放进火药，两人在坐在柴堆上纵情饮酒，酒醉耳酣之际，点燃火药，顿时烈焰腾飞，二人都被炸死。

吴三桂的另一个女婿夏国相被清军击败后带少数随从奔入广西境内的广南，

章泰和赖塔派兵追击，于康熙二十年十一月初将其围在西板桥。夏国相走投无路，向清军投降，后被送至京师斩首。

见马宝和夏国相的四川援军久久不到，吴世璠又修书许以割地，请西藏达赖喇嘛出兵相援，但使者、书信都被清兵截获。自此，吴世璠及郭壮图期待的外援化为泡影，但他们仍不愿投降受死，只得死守昆明。清军围城长达半年，由于水土不服，加之粮饷不济，病死者与日俱增。而昆明城内的吴军日子也不好过，他们的粮食也开始接济不上，生计日渐困难，双方僵持不下。

康熙得知昆明久围不下，不断下令催促章泰和赖塔进取，并提议以军中投诚的吴军将卒为先锋攻城，以吴军攻吴军，一则可以减少八旗兵丁的损失伤亡，二则令这些士兵建功立业，以赎前罪，他们必定死力攻城。

清军围城已数月，昆明城仍久攻不下，主要原因是清军离城四十里安营远驻，一面倚山，一面临昆明湖，围困不严。昆明西部的天然屏障昆明湖南北百里，清军并未封锁，舟船往来竟无人查问。而驻守这一带的安宁、晋宁、昆阳、呈贡四州县的清军大多是吴三桂的旧部，多有家属同僚困在城中，他们也不愿看到亲戚家属在城中挨饿，所以任由城内船只出入，转运粮食。城中得粮后，愈加坚守。

九月，赵良栋平定四川的叛乱后，率兵渡过金沙江，经武定、绵竹抵昆明，与章泰、赖塔两路大军会师。四川、湖广、广西三路清军齐集，围城益紧，到十月的时候，城内粮食断绝，以致"人相食"。此时，城外云集了四十万清军，旷日持久的围城也导致清军粮米不济，因为粮饷都要先满足满洲兵，然后才轮到绿营兵，所以围困越久，绿营兵就越困苦不堪，于是赵良栋主张速攻。但章泰偏心满洲兵，怕兵力受损，他认为满兵冒矢石、犯锋刃，血战万里才最终到达昆明，残敌此时已是奄奄一息，清军只要向城内招降，必将有人应变，岂能再忍心让满兵葬身于坚城之下？于是，他对赵良栋言道："皇上豢养的满洲兵岂可轻进？你的大军远道而来，也应当休养一段时间，岂可让他们再受损伤？"章泰主张按兵不动，执意要等敌军自行瓦解，并用满语诘责赵良栋。赵良栋听不懂满语，瞪着眼抵触，见章泰不愿攻城，愤懑不已，只得不顾长途跋涉的疲劳困乏，率己部独力攻城。郭壮图亲自领兵搏战，赵良栋也亲自持刀督战，率士卒身披厚棉被，趁夜出击，一时间"列炬如星，枪炮雨下"，赵良栋部力战夺取土桥、新桥等地，直抵昆明城下。赵部长途跋涉后没有休息就投入恶战，已疲惫不堪。章泰劝赵良栋："你部已过度劳累，应先撤回休整，可叫总督蔡毓荣率兵据守。"赵良栋断然拒绝："我兵死战所得之地，怎能交给他人看守？！"章泰无法，只得于十月八日下令各军一同进兵，直抵昆明城下攻城。同时，赵良栋发现吴军通过水路运粮后，建议章泰采取措施撤换昆明池四周吴军旧部，改由八旗兵驻守，又在昆明湖内设置水军，在巨型竹筏上构筑用来侦察和防御的高台，往来巡逻、严密监视，防备敌军潜出昆明湖，这才断绝了城内粮食的来源。

吴世璠见清兵即将攻城，被迫遣兵出战，在归化寺附近激战多时，终被清军击败，三路清军开始连续数日昼夜猛攻。清军在加紧攻城之际，又展开政治攻势，将招降书用箭射进城内，动摇吴军军心，并秘密派遣已投诚的吴三桂部属潜入城中招抚，加速敌军瓦解。此时城内粮食已尽，一酒杯米的价格就高达一两白银，许多士兵都已饿死。吴世璠与郭壮图惊慌失措、无计可施，城内吴军将领大多无心守城，打算早降。十月二十二日，吴将余从龙、吴成鳌悄悄出城投降，将城中情况如实报告给了清军。章泰得知城内已是山穷水尽，亲自督战，令各路大军向昆明展开了最后的总攻。

康熙二十年十月二十八日，吴将线緎、吴国柱等人见昆明将破，已无路可逃，便密谋发动兵变，想擒获吴世璠与郭壮图献与清军并投降。吴世璠得知后，穿上皇帝服饰，登临大殿，举刀自刎而死（一说服毒而死），死时仅十六岁。皇后郭氏投缳自缢，线緎等人又拥兵杀入郭壮图家中。郭壮图闻变，和儿子一起自刎而死，城中大乱。二十九日，线緎等将领擒获吴三桂的大学士方光琛等人，打开昆明城门，向清军投降，昆明被围近一年后最终陷落。

清军进城后立即没收了吴氏的家产，并割下吴世璠首级准备传送京师示众，被定为"反叛首谋献计"的方光琛在军前被凌迟处死。虽然吴三桂已去世三年多，但清军并不打算放过他，他们遍城搜查吴三桂的棺椁，准备戮尸示众。但查找了多处，不知其真假。据野史记载，清军迫近昆明后，吴世璠和郭壮图为防万一，秘密将吴三桂的尸骨改葬他处，埋葬地点只有吴世璠和郭壮图少数几个人知道。

▲ 后人所立的吴三桂墓碑

清军发掘了多处，皆是伪墓，甚至有一天挖到过十三具尸骨，清军无法辨别真伪，只得下令用火全部烧掉。据传，吴三桂的真骸骨埋在了远离昆明中缅边界的铜壁关外；又有书记载，吴三桂的一个侄儿吴国柱出首说，吴三桂的尸骨已经焚化，骨灰匣藏在安福园石桥水底。清军照此挖掘，果然挖得骨灰匣一具，于是也不论真假，将其与吴世璠的首级一同送到京师请功①。至此，三藩中的吴藩被彻底剿灭。

康熙皇帝得知清军克取昆明、吴三桂余党投降的消息时正是深夜，回想起七年零十一个月的焦虑与艰辛，为平定叛乱、取得统一战争的胜利而付出的操劳，他喜不自禁。这位年轻的皇帝最终经受住了继位以来最大的一次考验，他特赋《滇平》诗一首以抒心志，其诗云：

洱海滇池道路难，

捷书半夜到长安。

未矜干羽三苗格，

乍喜征输六诏宽。

天末远收金马隘，

军中新解铁衣寒。

回思几载焦劳意，

此日方同万国欢。

历时近八年、波及十三省的"三藩之乱"终于被平定，现在康熙皇帝可以秋

---

① 据现代史学家李治亭等人考证，吴三桂墓地位于贵州省贵阳市黔东南州岑巩县马家寨，该墓于 20 世纪 80 年代被发现。

后算账，腾出手来处置已降的叛将党羽了。

除了吴三桂全家灭族，都被处死外，他的党羽与昔日的盟友也遭到了清算。在战争期间，康熙就敏锐地指出"贼首乃吴三桂也！吴三桂灭则诸贼自散"，他坚持"擒贼先擒王"，集中力量打击吴军，为了瓦解和孤立吴三桂，对于从叛的将领百般招抚、诱其反正，政策宽大、待遇优厚，无论官职大小，只要放下武器来降，便既往不咎。康熙还信誓旦旦表示"朕决不食言"，可"昭之日月"。但此一时、彼一时，当清军占据优势时，康熙就曾向前线将领发出密旨，凡投降官员都不可深信；当清军大获全胜时，昔日的"诺言"便不再提起，清廷开始以各种理由将已经投降的叛乱分子的骨干逐一查处，定罪处死、以除后患。

早在康熙十八年吴藩还未覆灭时，康亲王杰书就上疏弹劾归降的耿精忠，要求将其正法。康熙以时机尚未成熟，广西、湖南等处刚刚收复，"若将耿精忠即行正法，不但已经投降之人，以为日后亦必如此声明其罪；未投诚之人，睹此寒心，亦未可知"，将奏折留中不发。到了康熙十九年三月，康熙见大局已定，福建已经大体平定，便授意康亲王杰书劝说已归降的耿精忠入京觐见。耿精忠到京不久，其弟耿昭忠与耿聚忠就联合揭发其兄长反正后有"叛逆罪行"，请求予以严惩，并与耿精忠划清界限。耿精忠的属下也揭发举报他归顺后"仍蓄逆谋"。康熙立即革去耿精忠王爵，下令将其看押。昆明攻克后不久的康熙二十一年（1682 年）正月二十日，康熙下令将耿精忠、曾养性、白显忠等人凌迟处死。反复无常的潮州总兵刘进忠也被定罪，枭首示众。唯马九玉曾在耿精忠反叛时苦劝，反正后又效忠用命，令以原官解任来京，划归旗下。

无独有偶，就在耿精忠被授意进京时，尚之信的护卫张云祥与张士选（张士选曾因言语冲撞尚之信，被尚之信射残双足，引起诸护卫的不平）也赴京"首告"，揭发尚之信的罪行，称"吴三桂反后，尚之信欲迫使其父尚可喜从叛，尚可喜不从，愤怒而死，尚之信遂降贼。归正之后，仍心怀两端，皇上数次命他进兵潮州、湖南，尚之信借故不行，永兴危急，也坐视不救，后虽奉命出师，竟避敌锋芒，自行撤退……且冒领粮饷，擅杀无罪之人。"广西都统王国栋、两广总督金光祖与广东巡抚金儁鬸也相继揭发之信的"罪行"。康熙密令将正在广西武宣（今广西武宣县）参与平叛的尚之信带回广州监禁。康熙十九年闰八月十七日，康熙派钦差至广州，宣布尚之信不忠不孝、罪大恶极依法当斩，但朝廷开恩从宽，特赐白帛一条令其自尽，从叛的尚之节等人都被处斩。不过，康熙考虑到平南王尚可喜在吴三桂叛乱后能坚守"臣节"，不肯从逆，而且清军入粤后打开尚可喜棺木，发现他死后仍穿戴清朝衣冠，不由大为赞赏，以为"忠贞可嘉"，于是对其余家属"从宽处理"，其妻舒氏、胡氏免死，免于籍没，尚之孝等人则从宽免去了革职与带枷审讯之刑。自此，靖南、平南二藩都被尽行撤去。

另一反将王辅臣也未逃一死，据清朝官史记载，王辅臣系"病故"，但据《广阳杂记》载，王辅臣降清后镇守汉中，内心颇不自安，曾自缢一次，被左右救下。康熙二十年七月，康熙皇帝召王辅臣至京师觐见——王辅臣的"政治觉悟"比耿精忠和尚之信要高一些，临行前，他即料到进京后凶多吉少，于是拿出库中银两分与诸将及部下，又将其余旧账目一把火烧掉，之后召集诸将及亲随，劝他们："你们追随我日久，东南西北奔走，犯霜露、冒矢石，受了很多苦，现今我即将与诸位分别，你们都远走高飞吧！谁也不要说曾在我这里待过。"众将吏痛哭不止，王辅臣催促："你们快走，我的事由我一人担当，不连累你们。"遣散部署后，王辅臣与剩下的数十人日夜饮酒。八月二十九日，王辅臣由汉中抵达西安，与门下人饮酒至半夜，酒酣之际，他老泪纵横对门下人说道："我起身于行伍，受朝廷大恩，富贵已极，前迫于众人，做了不义之事，又未做成。今虽反正，但朝廷蓄怒已深，岂肯饶我！大丈夫与其骈首于刑场，何如自己去死！？可用刀自刎、用绳自缢、用药毒死，都会留下痕迹，将连累经略图海，还连累总督、巡抚和你们。我已想好，待我喝得极醉，不省人事，你们就困住我的手脚，用桑皮纸层层蒙住我的脸，再用冷酒喷在上面，人便立死，跟病死的无二，然后以'痰厥暴死'报告朝廷，这样就可保无事，不会连累他人。"门人们哭着劝谏，王辅臣见无人听从，生气地欲拔剑自刎，门人才同意依他的办法行事。到天亮时，就以王辅臣"厥死"上报，朝廷没有怀疑，其家属也未受株连。

另一叛将祖泽清曾据广东高州两度叛清，尚之信奉命追击，一夜驰行一百八十里将其击败，祖泽清携家口遁入山中。康熙十八年四月，康熙明令：凡属从吴三桂叛的各处大小官员，只要归降一概宽免，惟祖泽清父子"甘心从逆"。

▲ 康熙二十年十二月二十日三藩平定维新庶政大沛宽和诏谕

下令各路大军搜山擒拿，至八月，祖泽清父子被搜出押送到京师。康熙十九年二月，祖泽清父子被凌迟处死。

吴三桂属下的降将，原任贵州提督的李本琛，则以"从逆"之罪被判磔刑。其他要员，副将以上的一律处斩，家属株连、妻女籍没、家产充公。彭时亨、谭天秘等人叛于四川，降而复叛，被凌迟处死，割下首级示众。吴三桂虽死，但清廷也没有放过他，将其"骨灰"分发到各省示众，其名下众多的家仆旧人、官员家属和士卒都被流放发遣到关外苦寒之地为奴，只能从事打更、站丁等卑贱职位，子子孙孙受此苦役，世袭不改，历时两百多年，直到清亡。

至此，历时八年的"三藩之乱"落下帷幕，清朝将三藩财产全部没收入官，以充军饷，对吴三桂及其藩下官兵在云南侵占的民田，康熙下令"悉革除之"，尚、耿二藩私征的市税也一律豁免。为巩固中央集权，清朝又增派八旗兵丁在南方荆州、福州、广州等地轮流驻防，广西、云南则派绿营镇守，彻底根除了尾大不掉的汉将势力，牢牢掌握了南方。今后凡亲贵功臣则必留在京师候命，非有敕诏不许出京，从而根绝了藩镇之祸。此后第三年，清朝又遣施琅为将，率水师渡海攻台——郑经自从大陆败退后，终日沉溺酒色，把政事都交由参军陈永华和侍卫冯锡范处理，一年后即病故，享年三十九岁，郑经年仅十五岁的儿子郑克塽不敌清军，在大将刘国轩的劝说下剃发归降清朝，台湾也从此纳入清朝版图。不过，那已经是康熙二十二年（1683年）的事了。

三藩之乱平定后不久，一个叫邵为章的金陵文人游历到了云南楚雄，他是来调查吴三桂在云南事迹的。他在彩云之南睹景思人，忆及吴氏先为明末悍将，救驾不力、投降大顺农民军；后又叛顺投清，引清兵入关、助清灭明；之后为清朝藩王，位极人臣，继而又叛清自立……一代枭雄纵横一生、反复无常，最终名败身死、家破族灭，不由感慨万千。遂作古风一首，题于绝壁之上。其诗云：

百万雄师睥睨间，

先朝一脉绝南蛮。

擒人即是人擒路，

谁道天公不好还。

军威南朔敢称雄，

转眼兴亡一瞬中。

他日龙门成纪传，

君臣父子总无功。

行营历历草凄凄，

铜柱摩崖手自题。

虎豹无睛威尚在，

老军犹说旧平西。

说　明

1. 本文中月份日期，俱用农历。
2. 作者因能力、精力、学历皆有限，图文错谬处还请读者海涵。

参考文献

原始文献

[1]（民国）赵尔巽等.清史稿.北京：中华书局，1977.

[2]（清）清圣祖实录.

[3]（清）勒德洪.平定三逆方略.

[4]（清）杨陆荣.三藩纪事本末.北京：中华书局，2015.

[5]（清）魏源.圣武记.长沙：岳麓书社，2011.

[6]（清）佚名.平滇始末.

[7]（清）孙旭.平吴录.

[8]（清）刘健.庭闻录.

[9]（清）赵翼.皇朝武功纪盛·平定三逆述略.

近现代文献

[1] 滕昭箴.三藩史略.北京：中国社会科学出版社，2008.

[2] 刘凤云.清代三藩研究.北京：故宫出版社，2012.

[3] 李治亭.吴三桂大传.南京：江苏教育出版社，2005.

[4] 蒋兆成.王日根：康熙传.北京：人民出版社，2011.

[5] 阎崇年.康熙帝大传.北京：中华书局，2016.

[6] 战争简史编写组.中国历代战争简史.北京：解放军出版社，1993.

[7] 台湾三军大学.中国历代战争史.北京：中信出版社，2013.

[8] 中国人民革命军事博物馆.中国战争史地图集.北京：星球地图出版社，2007.

[9] 郭利民.中国古代史地图集.北京：星球地图出版社，2017.

平叛战争

理论与实践（下）

作者 /〔法〕大卫·格鲁拉　　译者 / 张宏伟

革命战争"冷战"阶段的平叛行动

从平叛者角度来看，革命战争可以分为两个阶段：

1.革命战争"冷战"阶段，此阶段叛乱分子所作所为依旧是合法的，非暴力的（正统模式下的第一步与第二步）；

2.革命战争"热战"阶段，此阶段叛乱分子的行动开始非法化与暴力化（正统模式下的其他步骤，捷径模式下全部步骤）。

和平向战争的过渡是循序渐进的，也是难以界定的。叛乱分子即使选择捷径模式，在发起暴力行动之前，也会经过短暂的酝酿。例如在1954年夏天，阿尔及利亚的警察、公务员及政府都猜测到会发生事变。为了便于分析，我们将平叛军奉命介入的时间作为分界线，并按照时间顺序，从"革命战争的冷战阶段"开始，着手研究平叛战争。

这一阶段的特性是，叛乱分子的大多数行为是合法的，只有部分秘密举措游走于法律的边缘。某个人可能被当作叛乱分子，也可能不会。即使他被认出来，也只有一些警察与政府官员会意识到未来要发生的事。

平叛者的根本困境源于以下事实：不管各方的应对和要求如何，这个国家总会出现各种危险。潜在危险非常大，但是如何用既成事实证明它呢？如何评判为平息早期叛乱而付出的努力和牺牲？基于这一点，如果叛乱分子清楚如何发动战争，那么他就知道从和平到战争的过程将是循序渐进的。阿尔及利亚的旧事，就是由于叛乱分子试图以"大爆炸"开始叛乱，因此政府一直进退两难的例证，并且这一困境一直持续下去。在阿尔及利亚叛乱分子的脑子里，博取公众关注是他们的首要任务，他们将1954年11月1日定为"D"日，当日，整个阿尔及利亚发生70起独立行动，包括投掷炸弹、刺杀、破坏、小规模袭击孤立的敌军哨所——但都没起太大作用，之后什么也没有发生。据叛乱分子领袖穆罕默德·布迪亚夫回忆，"D"日的结果"对阿尔

▲ 在法国印度支那战争期间，法军的主战坦克是美式M24"霞飞"坦克，当然，这些坦克在印度支那的丛林沼泽中寸步难行

及利亚大部分地方来说是灾难性的，奥兰省的平叛行动尤其残忍、有效，我在前两个月都无法建立里夫（西属摩洛哥）与奥兰省之间的联系"。但是，在叛乱出现之后，仅动用法国的资源和力量，中断经济，将战争强加于阿尔及利亚，就可以镇压叛乱了吗？

在这种情形下，我们提供给平叛者四种并不互相排斥的行动方针：

1. 平叛者可直接针对叛乱分子首脑展开行动。

2. 平叛者可间接改变有利于叛乱分子的环境。

3. 平叛者可渗透到叛乱分子行动中，使叛乱失效。

4. 平叛者可组建或加强政治机构。

针对叛乱分子的直接行动

直接手段包括从物质上剥夺叛乱分子发起行动的一切可能。在这一阶段，叛乱分子行动取决于其领袖，而不能完全独立。因此，领袖的作用至关重要。通过逮捕领袖，限制他们与民众接触，在法庭上控诉他们，必要时取缔他们的组织与出版物，政府可以将处于萌芽状态的叛乱消灭。

在集权主义国家里，使用上述手段轻而易举，但在民主国家却非常困难。在民主国家，可能会出现两种情况：一是平叛政府已经制定对付叛乱分子的特殊权力与法律（甚至当并没有受到压力时），作为预防手段来武装自己。这一情况的难处在于，不能让叛乱分子得到过多的公众关注，特别是叛乱分子的动机有广泛吸引力的时候。

另一种情况是平叛者并未获得必要的权力。当他们直面叛乱分子时，便打开了潘多拉魔盒。执行拘役肯定会遭到抗议，根据的是什么法律？正常的政治抗争与难以定义的叛乱之间的界限是什么？被逮捕的叛乱分子，自然可以指望合法的反对党及社团的支持。在法庭上，他可以通过耍花招最大限度钻法律的空子。更糟糕的是，对叛乱分子的审讯将成为宣传其动机的讲坛。遭到取缔的组织，将以其他名号死灰复燃，叛乱分子会尽力证明他们与旧组织之间的联系。

这时候，政府才不得不在重重压力下被迫修改正常程序。美国曾用了数十年时间，取缔对民众并无显著吸引力的革命党派，个中艰难可以想象。（有人认为，倘若叛乱分子看起来很危险的话，取缔所花费的时间反而少一些。）

既然合法转变如此缓慢，那么在诱惑之下平叛者可能会更进一步，开始越过合法的界限，实施持续的、随心所欲的限制措施，不久之后，国民就会发现他们处于管制之下，这样，反对当权者的人会越来越多，而叛乱分子则由于对手落入他们的圈套而高兴。

综上所述，直接手段只有符合下面情况才会生效：

1. 叛乱分子的动机几乎没有吸引力（但我们认为，除非有正当理由，否则任何明智的叛乱分子都不会发动叛乱）；

2. 平叛者有合法的权力实施行动；

3. 平叛者应该防止叛乱分子赢得民心。

针对叛乱分子的间接行动

在第二章，我们已经知道，只有满足两个必要条件，叛乱才会发生：叛乱分子拥有动机，平叛者的缺陷有助于处于萌芽状态的叛乱的生存发展。另外，还有两个非必要但也很重要的条件：地理环境和外界支持。平叛者可以参考这些条件见招拆招，挫败叛乱行动的发展。

▲ 一名在"莫里斯防线"附近被射杀的FLN成员，为了阻止国外的FLN分子向阿尔及利亚渗透，法国在边境建立了以国防部长名字命名的、长达200英里的封锁线，部署了8万人。实践证明，这条封锁线比法国另一条以国防部长（安德烈·马其诺）命名的防线更为有效

除了迁徙人口（在和平时代非常离谱）或设置人工障碍（在和平时代十分奢侈）外，平叛者通常无法改变或影响地理环境。外部援助的问题有更多余地，很大程度上取决于叛乱分子的势力范围。

叛乱分子丧失合理的动机，就意味着国内基本问题的解决。如果平叛者可以做到，那就再好不过了。但我们知道，对叛乱分子来说，最好的动机就是平叛者不可能毫发无损地接受的动机。而有些被叛乱分子当作动机的问题，的确是难以解决。例如，南非的种族问题有好的解决方案么？只要两个种族生活在同一片领土上，这一问题就积重难返。

相比之下，让平叛者努力克服自身统治的缺陷，似乎更容易操作。如果平叛领导者是果断和警惕的人，能提高司法系统应对危机的能力，加强官僚系统的实力，增强警察及武装力量，那么足以挫败叛乱分子的企图。

对叛乱行动的渗透

叛乱在胚胎时期的规模较小。因此，叛乱成员的观念与态度，相比任何阶段都更加重要，可以说，这些人都是无兵可用的将军。在历史上，处于萌芽状态的政治行动在开始后不久，便因为发起者意见不合而分裂，最后不了了之的例子比比皆是。

处于萌芽阶段的叛乱分子必然经验不足，很容易遭到间谍渗透，这些间谍可以从内部瓦解叛乱，使叛乱脱离计划的轨道。间谍就算不能取得成功，至少也可以收集叛乱分子的动向。

我们可以举两个渗透的例子。在沙皇俄国，暗探局成功渗透进革命党，甚至有时大家根本不清楚，某个间谍究竟是为革命党，还是为暗探局效力。暗探局竟蓄意激化矛盾，使一名大公①遭到暗杀。最终，暗探局瓦解革命党的企图失败了，但另一案例的结果要好得多：众所周知，FBI 成功渗透入美国革命党，导致后者再也无法构成威胁。

这一策略有许多优点，但叛乱活动持续时间越长，叛乱分子越有可能渡过胚胎期的灾祸，奠定根基。当然，叛乱分子也可能在没有外界干涉的情况下自己衰落。但我们不能把让平叛者等着天上掉馅饼称为一种策略。

强化政治机构

我们在下一章将要讲到，在革命战争的"热战"时期，平叛者将把大部分精

---

① 指的是沙皇尼古拉二世的叔父，莫斯科总督，于 1905 年被暗杀的谢尔盖·亚历山大罗维奇大公。

力放在建立基层政治组织上，从而将叛乱分子与民众永远割裂。

尽管当前我们无须详述这一战略，但在革命战争的"冷战"时期，这一战略同样有效，未雨绸缪，采取预防措施，要比当叛乱分子取得民众信任后，再亡羊补牢容易得多。对我们来说，这一战略是平叛者的主要行动方针，因为其出现意外的可能性最小，而且在这里，平叛者有充分改善的余地。

记住，在和平时代建立基层政治组织，主要依靠任免。在战争时期，则要依靠当地选举。

革命战争"热战"阶段的平叛行动

武装部队介入革命战争的价值在于为平叛者扫清障碍。道义的迷雾被驱散，敌人开始张牙舞爪，这种情况下，平叛者更易下定决心，果断镇压叛乱。但是，武装部队的介入也会带来很多难题。

在我们即将开始研究的革命战争"热战"阶段，即武装力量奉命介入的时候，局势通常是这样的：叛乱分子已经成功建立了政治组织——卓越的政党，此刻或许领导着一条统一战线，或者根据其动机发动了大规模革命运动。叛乱分子除了颠覆活动外，大多数活动是公开的，但他们的运筹帷幄则是秘密的。此时，我们可以将该国地图标记为三种颜色：

"红色区域"，这里的叛乱分子可以有效控制民众，并开展游击战争。

"粉色区域"，叛乱分子试图将势力扩张到这里，并开展一些控制民众的活动与游击战。

"白色区域"，这里尚未受到叛乱的影响，然而仍遭受着威胁，民众能遭到叛乱分子的破坏，但总体上似乎十分平静。

在此时期，平叛者的阵营普遍出现混乱，他们已经意识到现在是非常时刻，毕竟危机感在政府圈子蔓延的速度，要快于身处"白色区域"甚至"粉色区域"的民众。民众的忠诚度受到怀疑；政府的领导能力与执政能力遭到质疑；在和平年代养尊处优的政治、司法、军事机构还没有适应新局势；经济急剧恶化；政府支出增加，收入降低；叛乱分子在心理战方面占据优势，因为他拥有动机，如果没有动机的话，叛乱是发展不到游击战或恐怖行动的层次的。政府军由于要守卫关键地区和固定的设施，保护公民的生命财产安全，加上仓促与叛乱分子作战，其兵力会逐渐分散。

我们脑海里现在已经呈现大致的场景，接下来，我们开始讨论平叛者可以采用的手段。

平叛战争的规律与守则

常规战争的局限性

我们假设，现在政治和经济的困难已经奇迹般地得到了解决[①]，至少可以控制，这样，唯一的难题就是军事上的——如何镇压叛乱分子武装。这并不是实力问题，因为尽管平叛者的兵力可能较为分散，但实力依然比叛乱分子强。这是战略与战术，方法与组织的问题。

传统战略着眼于征服敌方领土、消灭敌军，但这套战略在对付游击队时会出现困难，因为敌人并不死守固定的领土，并且敌人拒绝与自己交锋。敌人无处不在，又无影无踪。平叛军在集中足够兵力后，随时都能杀入"红色区域"，并驻守在那里。如果这一行动持续下去的话，可以有效减少游击队的活动，但游击队无法在这个地区立足时，他们可以转移到其他地区，继续开展游击战，问题依然没有解决。更糟的是，政府军在一个地区集中兵力，会使其他地区的兵力受到削弱，局势反而会恶化。

只有锁定游击队的位置，迅速将其包围，才可以将其剿灭。但是，游击队的规模太小，政府军直接侦察难以发现它们。关于游击队的信息来源主要是情报，情报必须来自民众，但民众只有感到安全，不会受到叛乱分子威胁的情况下才会开口透露情报。只有叛乱分子的力量被摧毁，他们才会感到安全。

由于游击队具有出色的机动能力，因此很难被包围并歼灭。如果政府军收到

---

① 当然不包括只能通过战争延续才能缓和的心理障碍。为了解决这一困难，平叛者需要在权力毫发无损的情况下，拥护叛乱分子的动机。从战术上讲，如果这种方法可行，那么叛乱分子的动机是十分糟糕的。

敌人的情报后才匆忙派出部队，那么政府军成功的概率会非常小。如果政府军需要集中大规模的部队，那么就会耽误时间，很有可能失去突袭的机会。

现代化的运输方式——如果有可能的话，最好是直升机——让平叛军的力量与速度合二为一，这是事实。系统的大规模行动的优势，弥补了平叛军在机动性与情报上的劣势，这也是事实。但无论如何，传统模式下军事行动的效果，并不比一把苍蝇拍好使。在行动中，不免有一些游击队员会被抓到，但新的游击队员很快就会替代他们。如果围剿行动能够持续几个月，那么损失的游击队员不大容易得到补充。但问题是，围剿行动能持续这么久吗？

如果平叛军的实力十分强大，可以在全国各区都布设重兵，那么效果会很显著。叛乱分子还没成长壮大就会慢慢消亡，但是我们很难承受得起这种方案。

平叛者无法像叛乱分子一样作战

叛乱战争模式允许存在先天弱点的阵营在战斗中逐渐变得强大。而平叛者则先天实力强大，让他们适应叛乱战争模式，就像一个巨人试图穿上侏儒的衣服。平叛者可以使用敌人的战术，以其人之道还治其人之身吗？不能，他只会给叛乱分子提供靶子。如果平叛者也开展游击战的话，他也需要得到民众的支持，而民众的支持，源于扎根于群众的政治组织。如果平叛者已得到民众支持，那叛乱分子将难以为继，这时平叛者再开展游击战，就是多此一举。当然在平叛战争中也存在小规模的哥曼德式行动，但这无法代表平叛战争的主流。

平叛者可以成立地下组织，效仿叛乱分子的手段以毒攻毒么？不能，秘密行动相当于把叛乱分子的劣势转化为优势。而平叛者的力量，来自于公开的、实实在在的资本。对他们来说，组建的地下组织，只能当作次要的、附属的单位。何况在革命战争中，留给地下组织活动的空间有限。由于叛乱分子的地下组织抢先占据了生存空间，因此平叛者成立的秘密组织几乎很难有机会成功立足。

平叛者可以使用恐怖主义吗？不能，这会是自取灭亡，因为恐怖主义是混乱的根源，而混乱恰恰是平叛者极力制止的。

常规战争模式不起作用，叛乱战争模式也不能奏效，那么，我们得到的结论就是，平叛者必须找到属于他们自己的战争模式，他不仅要考虑革命战争的特性与本质，而且还要考虑平叛特有的规律以及原则。

第一条准则：民众支持对平叛者与叛乱分子同等重要

对平叛者来说，问题的关键是什么？并不是如何扫荡一片地区。我们从上文已经了解到，尽管必须冒一定风险，但平叛者完全可以集中足够兵力展开行动。但问题是，如何让这片地区保持再无叛乱分子的状态，以便平叛武装力量可以抽出精力在其他地区行动呢？

只有得到民众的支持，才能完成这个任务。尽管凭借纯粹的军事行动，在某一选定区域打散并驱逐叛乱分子非常容易；通过迅疾的警察行动，摧毁叛乱分子的基层政治组织也是可能的；但是，平叛者只有得到民众的合作才能制止游击队卷土重来，重建基层政权。

因此，民众是平叛者与叛乱分子都想拉拢的目标。在和平时期，民众支持现有政权、屈从于法律法规是理所应当的，但在叛乱分子的颠覆活动下，这些理所当然的事逐渐遭到侵蚀。事实上，从民众角度上看，扎根于基层的叛乱分子是战术层面最强劲的对手。

尽管平叛者在意识形态上存在缺陷，尽管叛乱分子在基层组织建设方面抢先一步，但斗争，还是得在民众之间展开。

第二条准则：赢得支持要依靠活跃的少数派

第一条准则中的问题，现在演变为如何赢得民众支持。这不仅局限于民众的同情和赞同，更重要的是要让民众积极参与到与叛乱分子的斗争中去。

答案就在下面这条简单表达了行使政治权力基本原则的观点中：

在任何情况下，无论动机是什么，必然存在为该动机积极奔走的少数派，持中立态度的多数派以及积极反对的少数派。

掌控权力的艺术在于依靠少数追随者，拉拢持中立态度的多数派，让敌对的少数派中立或将他们消灭。

有时会有极端情况出现，例如动机或局势极为有利，或糟糕透顶时，少数派会消失或忽略不计，甚至民众会出现一致的支持或反对。但是这种情况极为罕见。

这一准则可以运用于所有政权，无论是最严厉的独裁政府，还是最宽松的民主政府，只是应用的程度和目的有所不同。尽管道德和宪法可能施加限制，应用的目的也有好有坏，但这条准则在任何情况下都有效，因为在大多数国家，它都会被无意识地应用。

这条准则在一个遭到革命战争困扰的国度，不应再被忽略或被无意识地应用，因为通过颠覆或武力挑战政府权力，令政府危如累卵的恰恰是活跃的少数派。如果平叛者出于自身目的而拒绝运用这一准则，被和平时代的限制束缚住了，那么他将在战争的泥潭中越陷越深，距离胜利也会越来越远。

运用这一原则的界限在哪里，这是一个道德问题，而且是十分严肃的问题，但无论如何也要比常规战争中轰炸平民好得多。一切战争都是残酷的，革命战争尤其残酷，因为在革命战争中，每一名公民不管是否愿意，都正在或即将卷入战争，叛乱分子需要他们，无法承受让他们保持中立的代价。革命战争的残酷性并不是群体的、无特色的，而是高度针对个人，个性化的。对平叛者来说，最大的罪行就是接受或者被迫接受拖延战争，如果必须如此，还不如趁早放弃战争。

平叛者的战略可这样定义：锁定并依靠积极的少数支持派，组织他们发动民众共同反对叛乱。无论是在军事领域，还是在政治、社会、经济和心理领域，任何行动都必须为这一战略服务。

可以肯定的是，平叛动机和局势越好，支持平叛的活跃少数派就会越多，平叛者就越容易完成任务。这一真理决定了宣传的主要目的——展示平叛者的动机和局势优于叛乱分子。更重要的是，平叛者十分有必要公布一个令大家满意的"平叛动机"。

平叛战争胜利的标准

我们现在可以从正反两面给平叛者的胜利下定义。

胜利并非是在某一特定区域，摧毁叛乱分子武装及其政治组织。如果只摧毁了一个，那么也会被另一个就地重新组建；即便两者都被摧毁，那么区域外的叛乱分子也会重新组建武装力量及政治组织。在印度支那战争期间，法军在交趾支那的芦苇平原数不清的肃清残敌行动，就是最好的反例。

胜利是将叛乱分子与民众永久隔离，隔离并不针对民众，而是借助、依靠民众。1959—1960 年，奥兰省 FLN 的失败，就是一个正面例子。在这个面积大约是阿尔及利亚三分之一的行省，FLN 的行动——从向咖啡馆扔手雷到砍断电线杆——降低到平均每天两次。

这样的胜利可能是间接的，但依然是决定性的（当然，在阿尔及利亚，平叛政府改变了目标的不算）。

第三条规则：民众的支持是有条件的

一旦叛乱分子赢得民众的支持，其敌对的少数派便会无影无踪。其中一部分人被当作典型遭到消灭；其他一些人逃到国外；大多数人遭到惊吓，噤若寒蝉，混同于主流群众之间；一些人甚至公开表示支持叛乱分子。民众则被叛乱分子的积极拥趸监视着，生活在被基层组织揭发以及被游击队惩罚的威胁下。

只要叛乱分子的威胁没有降低到合理的限度，反对叛乱分子的少数派就不会，也不可能露面。更进一步讲，即使威胁被消除，只要民众不能确定平叛者有意愿、有手段、有能力赢得平叛战争的胜利，露面的平叛支持者也无法召集大部分民众，毕竟当一个人的生命面临危险时，不能指望宣传让他改变主意。

这条规则可以引申出四条结论。

1. 在对游击队和叛乱组织展开军事、警察行动之前，必须在民众中展开有效的政治行动。

2. 无论政治改革、社会改革、经济改革和其他改革多么受欢迎与令人期待，只要叛乱分子依然控制着民众，这些改革就不可能执行。1957 年法国人在阿尔及利亚尝试土地改革，但随着 FLN 刺杀了一些取得土地的穆斯林农民，改革无疾而终。

3. 为了证明自己有意愿、有手段、有能力赢得胜利，平叛者需要尽快取得令人信服的成就。

4. 平叛者只有处于优势时才可以安全展开谈判，否则其潜在的支持者就会转而支持叛乱分子。

▲ 困守奠边府的法军士兵，在印度支那战争中，法军的表现几乎是最佳反面教材，他们使用传统的、大规模部队的、集中火力的策略，疏离当地民众，没有成功困住越盟，另外，他们也没切断游击队获得外援的渠道

在常规战争中，往往根据军力或其他可视标准评估双方实力，例如师的数量、占据的要地、工业资源等。而在革命战争中，则依据基层政治组织下的民众支持程度来评估双方实力。只有当平叛者的实力扎根于，来自民众并有民众坚决支持的政治组织时，方才能够占据优势。

第四条规则：不懈努力与大量投入是关键

解除民众正遭受的叛乱分子的威胁，让民众相信平叛者将最终获胜，需要投入不懈努力、大量资源及人力。

这意味着在全国范围内不能分散投入精力，而是逐个地区持续投入。

平叛战略

我们将上述规则中衍生出的原则称为总体战略，并会逐步在接下来的步骤中体现。

在选定的区域

1. 集中足够兵力歼灭或驱逐叛军主力。

2. 在该区域部署足够的军队，以防大批敌人杀回来。将这些军队部署在生活社区、乡村及城镇。

3. 开始与民众接触，为切断他们与游击队的联系，控制他们的行动。

4. 摧毁当地叛乱分子的基层政治组织。

5. 通过选举建立新的地方临时政府。

6. 给临时政权安排具体任务来考验他们，剔除软弱与不合格者，全力支持表现积极的领导，并组建自卫武装。

7. 在一场全国性的政治运动中将这些领导人组织在一起，接受教育。

8. 彻底铲除叛乱分子的残余势力。

只要秩序在选定区域重新建立，那么该过程就可以在其他区域重复，不用等最后一步完成后，才在其他区域开始。

我们将在《行动》那一章仔细研究上述步骤，现在我们先讨论执行总体战略时应注意的事项。像所有类似概念一样，总体战略在理论上相当完美，但如果具体执行得僵硬、刻板，那么就会非常危险。不过，由于这些规则——或者我们应该称之为事实——可以在政治生活与近年来的革命战争中轻易得到验证，因此要推翻它们并非易事。

总体战略可以用来应对最糟糕的情况，例如在叛乱分子完全控制民众的"红色区域"内镇压叛乱。在"粉色区域"可以跳过部分步骤，而在"白色区域"可以跳过大部分步骤。但上述步骤在没有违反平叛战争原则与常识的一般情况下，总体上不得篡改。例如，如果叛乱分子有能力聚集大规模武装，通过突袭重创一支平叛小分队，那么这支小分队就无法部署在村子里，因此第二步显然在第一步之后；如果叛乱分子的基层组织还存在，就不能实行选举，因为选举很可能把叛乱分子的伙伴推举上台。

节约兵力

由于上述步骤既可以按时间来展开，也可以按空间来展开，因此总体战略应遵循节约兵力这一原则。在战争中，这一原则至关重要，因为叛乱分子需求很少，但战果很多；平叛者需求很多，成果却很少。

当平叛者在所选的区域投入大量精力时，其他区域必定存在风险。那么，在其他区域，平叛者的最低要求是什么呢？答案是遏制叛乱分子将战争模式升级，换一种说法就是，防止叛乱分子组建正规军。只要叛乱分子没有安全的占领区，就能满足这一目标。因此，行动并不需要很多兵力，一般的突袭就可以实现目的。

我们可以通过总体战略抑制叛乱分子实力和活动的增长趋势，因为只要某一区域安全了，我们就可以在当地招募忠诚和能经受住考验的支持者，然后将他们投入临近区域。只要第一步完成后，转移军队的工作就可以开始。

防止复发

西西弗斯神话般的游击战①，是平叛者会反复出现的噩梦。我们只要遵循上述提到的战略，就等于在行动中采用了彻底消除叛乱的手段。先让军队生活在民众中间，给予民众保护，等到民众在少量外界支援下足以自卫后，叛乱分子就难以重建政权，这本身并不难完成。真正的转折点还要等到民众中出现领导者，并坚定地站在平叛一方。因为这些领导者通过行动而非言语，证明了他们对平叛阵营的忠诚，而且一旦叛乱分子杀回来，他们就会失去一切，因此可以指望这些领导者。

主动出击

这一战略是进攻性的，其目的是从叛乱分子手中夺回主动权。平叛者无须屈从于叛乱分子的意志，可以在全国范围内自由选择一块区域来投入主要精力。在局部地区也是一样，因为平叛者要把敌人逼到进退两难的窘境：要么采取防御的手段接受挑战；要么离开，在平叛者争取民众时无所作为。

在常规战争中，当蓝方在 A 地攻击红方时，红方可以通过在 B 地反击来缓解

---

① 在古希腊神话中，西西弗斯得罪了诸神，诸神罚他将巨石推到山顶。然而，每当他用尽全力将巨石推到快到山顶的地方，巨石就会从他的手中滑落，滚到山底。西西弗斯只好走下去，重新奋力将巨石推向山顶，日复一日，陷入了永无止息的苦役。

蓝方的攻势，蓝方无法对反击视而不见。而在革命战争中，当叛乱分子在 A 区展开攻势，平叛者不能通过攻击 B 区来缓解攻势。因为叛乱分子只需简单避战，由于其行动灵活，可以拒绝交战。在印度支那北部，当越盟开始在奠边府围攻法军时，法国在印度支那中部越盟控制的地区实施"亚特兰蒂斯"行动，但这没有影响到越盟的围攻。

但是，倘若平叛者不直接进攻叛乱分子，而是向叛乱分子的力量源泉——民众施压，叛乱分子将不会拒绝作战，因为拒绝作战就等于宣布叛乱失败。

充分利用平叛者的资源

叛乱分子是流动的，但民众不是。平叛者应尽可能避免僵化，将精力集中在民众上，并充分运用自己的资源、行政管理功能、经济实力、数据、宣传媒介以及在部队规模和重武器方面的军事优势。这些难以携带的元素在对付行踪不定的叛乱分子时，相对来说用处不大，但用来赢得固定民众的支持时，它们却非常有用。这时候，就算平叛者无法像叛乱分子那样行走如飞，那又有什么要紧？此时重要的是，叛乱分子无法从村子里赶走平叛者的武装小分队，或无法在平叛者将大多数精力投入民众时进行骚扰。

简化战斗任务

为何在常规战争中，几乎不会出现思想的紊乱，而在近些年的平叛战争中会有那么多呢？对此有两种解释：一是当常规战争爆发时，由和到战的急剧转变、战争的本质，暂时掩盖了反对派追究的大多数问题，特别是该国处于自卫作战时。不管曾经出现过什么问题，现在举国上下的主要问题已经变成如何击败敌人。军事上的主要目标是歼灭敌军武装、占领敌方领土，这一目标为判定胜利、平局与失败提供了明确的标准。达到这一目标的方法是辅以外交手段和经济封锁的军事行动。战时的国家组织很简单：政府指挥，军队执行，民众提供军备。

我们已经知道平叛战争不是这样的，从和到战的转换是渐进的，界限并不清晰，战争的目标是民众，军事与政治行动不得分开，军事行动尽管是必需的，但绝非行动的主要形式。

几个世纪以来，事实上几乎是有史以来，人们一直深入分析常规战争，战争的进程被切成鲜明的几个阶段：向敌进军，与敌接触，试探敌军实力，进攻，扩大战果，最终撤退，等等。军校生可以凭借最新的教条掌握不同阶段自己的职责，并且必须在军事演习中逐级进行野战模拟。当置身于实战时，他的智力水平决定了他可以发现自己身处战斗的哪个阶段，然后根据这一阶段选择对应的条例，他的天赋、他的判断力在这里才开始发挥作用。

▲ 对于轻装上阵的法国伞兵来讲，轻便的57毫米无后坐力炮，是最适合山地作战的火力支援武器

这些在平叛战争中都没有用。无论如何，平叛者都需要凭借几个月的持续努力来完成争取民心的任务，并且没有明确的、现成的标准来评定结果，有谁在涉足于这种任务之前听说过相关模拟训练呢？即便有，谁又能扮演好民众的角色？

任何平叛教条，都会着重强调简化计划与执行，前文推荐的战略似乎满足这一点。仅仅给目标（得到民众支持）下一个概括定义是不够的，如何完成这一目标（通过发现与组织积极支持平叛者的民众）同样重要，我们可以根据逻辑关系将行动分成几步，然后将这些战术任务下达给实施战略的平叛人员——由政治家、公务员、经济学家、社会工作者、士兵组成的混合群体。他们知道每一阶段的任务是什么，为了实现任务该怎么做。我们可以通过这种方式，让他们赢得战争的主动权。

指挥就是控制

通过逐步逼近，平叛者会摸索出一套评估当前局势和进程的方法。他可以通过切换各个地区的进展、赋予已成功证明自我的下级领导者更多职责、开除失败的领导者，控制和指挥战争的走向。换句话说，指挥来自于判定。

如果失控的话，会发生什么？平叛战争会造成马赛克状的领土——无数碎片组成的支离破碎的装饰品，其中一些地区非常平静，另一些地区则不太平静，甚至处于叛乱分子的有效控制下：这对叛乱分子来说非常完美，因为他们可以沿着这些碎片的边界任意机动，在一些碎片里聚集，在另一些碎片里暂时消失。当平叛者将精力聚集在特定区域，不可避免会造成马赛克化，当平叛者不再投入精力时，这些马赛克化自身就是麻烦的根源。

从战略到战术

指挥问题

方向一致

在某一区域歼灭或驱逐游击队的主力，防止他们卷土重来，并驻扎部队保护群众，清缴游击队的残兵，这些显然都是军事手段。

辨认、逮捕、审讯叛乱分子的政治代理人，与之对簿公堂，改造意志不坚者，这些是警察和法庭的任务。

接触民众，推进执行控制手段，组织基层选举，考验新的领导人，将其组织成党，完成可以赢得民众衷心支持的有益工作，这些从根本上讲是政治手段。

预期的结果——最终击败叛乱分子——并非上述手段相加，而是相乘，它们都是缺一不可的元素，如果一项是零，最终结果也是零。平叛必须遵守方向一致的原则，自始至终都必须由一位最高指挥官指挥行动，相比其他战争，这一原则在平叛战争中格外重要。

很不幸的是，问题绝非这么简单。我们无法把军人与文官之间的任务与责任完美切割，因为其中重叠的部分太多了。军人并不会待在驻地无所事事。当前期大规模的军事行动结束后，他们开始持续不断巡逻、设伏、梳剿。其中某些时刻，他们将不得不承担起组织、装备、训练、领导自卫武装的职责。警察从叛乱开始时就收集情报；在叛乱分子的基层政治组织被彻底摧毁之前，他们的职责不会终止，因为叛乱分子会一直试图重建政治组织。而公务员只有在游击队被清缴干净后，才可以开展工作。

而且，没有任何行动是纯粹的政治或军事性质的，因为这些行动都会对整体局势产生或好或坏的影响。例如，如果法庭贸然释放不知悔改的叛乱分子，不久之后警察、公务员和军人就会承受其不良后果。

另一事实让情况更加复杂。那就是不管和平时期的行政管理体系多么先进，在平叛时期，这一体系永远无法胜任职责。当赢得民心的宏大目标转化成具体目标时，伴随着村落、城镇和社区数量如滚雪球般的增长，所需的可靠人手的数量无疑会是天文数字。一般情况下，只有军队能迅速支援他们。因此，平叛政府面临以下两种诱惑：给军队安排行政、治安或其他任务；让军队主导整个平叛进程，即使不是在全国，也至少是在部分地区。

第一种情况无法避免。如果任务既重要又紧迫，而军人被纯粹的军事行动约束时，又找不到其他人完成任务，这无疑相当愚蠢。军人必须做好担任宣传员、社会工作者、土木工程师、教师、护士、童子军的准备。但由于军人任务的不可替代性，最好将文官的任务托付给文官。不过，当大多数民众的忠诚度值得怀疑时，如何才能找到这样一大批人呢？这终归是必须做的。第二种选择——由军队主导——从另一方面讲，太过危险，要不惜一切代价抵制。

政治优先于军事

无论是在理论还是在实践中，政权都是无可置疑的最高主宰。目前国家政体岌岌可危，捍卫它属于政治事件。即使需要采取军事行动，那么这一行动也要始终以政治目标为导向。军事行动尽管十分必要，但必须屈居于政治行动之后，其首要目标是为政权赢取足够的自由空间，从而安全开展群众工作。

武装部队仅仅是平叛者使用的众多手段之一，并且没有任何手段的效果能比用政治权力驾驭非军事手段，在合适的时机拨付军费来巩固军事工作，并将政治和社会改革坚持贯彻始终更好。

"革命战争八分政治，二分军事"是得到了事实验证的准则。倘若赋予军人高于人民的权威，那么将与革命战争的性质相抵触。在实践中，颠倒军事与政治的重要性是不可避免的，这样革命战争将更像常规战争。倘若军队是政党的工具，军队长官是政党的高层领导，且被通过直接渠道与党派首脑沟通的政党人员的管理控制的话，那么赋予军队绝对权威可能会有一定效果；但上述特点都是描述叛乱分子的，而不是平叛者的。

如果平叛者颠倒军事与政治的重要
性，会适得其反，因为这相当于平叛政
府接受失败：无法通过正常的政府组织
对付叛乱分子，而取代其地位的军方，
将立即成为叛乱分子宣传的打击对象。
如果在这种情况下，叛乱分子还是没有
成功让军队与民众发生割裂的话，那将
是一个奇迹。

由此，我们不可避免地得出一个结
论：各级地方政府的职责应该由他们自
己负担，如果缺乏可靠的文官，那么将
不得不由军事人员填补这一空缺，万不
得已时，也应该至少保留一些民间人士
的虚职。

▲ 1916年，大英帝国既要在索姆河扔下几十万人
命，又要镇压后院爱尔兰岛发生的"复活节起义"，
一时间内外交困

协同努力

现在假定平叛领导是一位文官，那么他在做决断前，必须顾忌手头的文职与
军事力量的构成，特别是他们的行动错综复杂，需求相互冲突时，这位领导人必
须出面协调，让所有人往同一个方向努力。他如何能做到这些？依据组织论的理
论，可以采用两种机构：1. 像马来亚一样成立委员会，由区级官员领导下的委员
会管理社区级地块，委员会成员来自警察、当地文官（既有欧洲的殖民者，也包
括华人和马来人）与军人；2. 组建军民联合的参谋部，军人直接从属于当地文官（作
者找不到这种组织的例子，但是相反的范例——文官从属于军政府统治——能够
轻易找到，例如在菲律宾，将军控制名存实亡的文官政府，或者在1958—1959年
某一时间段的阿尔及利亚，军队被授予了一切权力）。

这两种方案各有利弊。委员会更为灵活，人员进入更自由，规模较小，但运
转较慢。联合参谋部的管理方法直接，运转较快，但结构僵化，更容易导致官僚
主义。在平叛战争中，两者皆有发挥的空间。委员会适用于处理长期及中期事务，

在较高级的管理者中应用；联合参谋部则适用于基层，因为基层需要执行速度，对平叛者来讲，基层战斗规模小，因此战机也很小，难以捕捉，一旦出现，必须立即抓住。

委员会在统治的上层建筑，能够得到发挥余地，文官与军人依旧保持各自的独立体系，但各自体系应本着方便协作的初衷而组建。在常规战争中，一支大部队的参谋体系可粗略划分为两大分支："情报／执行"与"后勤"。在平叛战争中，又多了第三个迫切需要的分支："政治"，其地位与前两者同等重要，其参谋官将掌控与政治相关的所有事项及公民行动，参谋官可以在方案制定阶段，就对上级提出建议，而不用等方案已经制定好，无法更改时再提。与之相似，尽管在常规战争中，文官参谋对军事行动的帮助甚少，但也应组成分支，与文官领袖对接，这样，当这两个分支密切合作时，文官与军人之间产生分歧的危险系数就会降低。

但是，不论选择何种体系，最好的组织还是要依赖成员的作用。即使在最完善的组织，个人之间的冲突也是司空见惯。尽管有时可以炒掉或者替换不称职的成员，但这无法解决委员会或联合参谋部的所有问题。

如何在一场平叛行动中，在不考虑个人因素的前提下，让这些组织交叉运作发挥出最大的作用？假设每一机构运转起来多少都带有各自的特性，那么如何避免其行动的相互脱节，导致马赛克化出现呢？如果组织中所有人想法一致，每个组织均按统一标准模式工作，这个问题就解决了。但如果没有这般精确的话，那么将要参照何种一致、易于理解、易于接受的教条呢？下列教条，是回答如何能够方向一致问题的切乎实际的、至关重要的答案。

地方指挥官负有总责

平叛军必须完成两种截然不同的任务：歼灭叛乱分子的军队，确保领土内所有地区的安全。相对应，平叛者将组建两种部队。机动部队从事类似常规战争的战斗，常驻部队驻扎在民众中间，保护民众并对政治努力进行补充。

显然，常驻部队要相当了解当地局势、当地民众、当地问题；如果出现错误，他们需要承担相应后果。当机动部队被派到某地区执行临时任务时，即使该地区的军事长官军衔较低，这支部队也得服从他的管束。就像美国大使在他被派驻的国家，会全面负责美国组织在该国的一切行动一样，地区的军事长官必定是在该地区执行任务的所有部队的总负责人。

正规武装需适应平叛战争

在叛乱分子建立一支强大的正规军之前，平叛者手里为常规战争而组建的，分工精细的重装部队几乎派不上用场。在地面部队方面，平叛者需要机动性强、轻装上阵、多多益善的步兵，用于火力支援的炮兵以及骑兵部队，如果地形合适的话，骑兵可以用来巡逻、监察。在空军方面，平叛者需要飞行较慢，经久耐用，火力强大，能经受得住地面轻武器射击，用来侦察与支援地面部队的飞机；除此之外，在平叛战争中还需要至关重要的短途运输机和直升机。如果存在海军任务的话，那就是封锁海岸港口，在此就不详述。除此之外，平叛者需要相当密集的通信网络。

▲ 美国的"绿色贝雷帽"陆军特种部队显然是赢取民心的行家，他们不仅拥有高超的战术，而且还掌握了当地语言，具有出色的沟通能力和足够的耐心，因此在西方，特种部队成员通常是30出头，服役多年，年龄、体力、经验都达到平衡状态的志愿军人

因此，平叛者需要根据这些原则改造现有的军队，特别是将没用处的技术兵尽可能转为步兵。

然而，平叛军的适应必须比这更深入。在平叛进程中的部分节点，在其管控区域参与大规模军事行动的常驻部队，将发现他们要面对大批、各种各样的非军事性任务。为了赢得民众支持，这些任务必须完成，由于缺少可信赖的行政职员，这些任务只能交给他们去做。例如，展开人口普查，制定人员与物资流动的新章程，通告民众，通过个人接触进行宣传，收集叛乱分子政治代理人的情报，实施政治、经济改革，等等。这些都将变成军人的主要活动。必须根据这些活动来组织装备军人，并为其提供保障。在执行这些任务时，印刷机比机关枪管用，受过儿科医生培训的士兵比操作迫击炮的士兵重要，水泥比铁丝网急需，书记员比大兵供不应求。

从思想上适应

平叛者自上而下，都要从思想上适应新任务——无论是军人还是文官，都得适应平叛战争的特殊要求。

在常规战争中的军人及和平年代的公务员看来恰当的反应和决断，在平叛战争中未必算正确的抉择。常规战争中的军人遭到敌军射击时，如果不使用手中的武器还击，就会被看作失职而获罪。在平叛战争中却恰恰相反，这时应尽量少开火。军人传统的职责是打败敌人。"不谈政治"的思想在他们的脑海里根深蒂固；但在平叛战争中，军人的职责是帮忙赢得民众的支持。为了达到这一目的，他们必须懂政治。在常规战争中，制定奖励晋升制度是为了鼓励军人尽可能多杀死或俘获敌军，增加他们军事行动的范围和频率，如果在平叛战争中也这么做的话，后果将是灾难性的。

和平年代的公务员必须对民众保持政治中立态度，争取"百花齐放，百家争鸣"。但是这一政策在平叛战争中并不适用。平叛时，公务员的使命是让适当的花朵开放，而不是野花，这一政策至少应持续到局势恢复正常为止。

显然，平叛政府急需通晓战争本质的当地领导人。获得他们的方法有两种：其一是通过教育训练，培养学员平叛战争的技巧；其二是通过自然选择。

平叛战争的理论，如同其他战争理论一样可以被传授，而且所有军人和文官都应该接受教育。但困难在于如何让这些学员得到实地训练。我们容易模拟演习平叛战争所需的军事行动，却很难如实复原非军事行动。首先，民众的好恶至关重要，如何将该因素引入非军事行动演习？其次，非军事行动中的决策很少立竿见影，而战场上的决策可以立即得到评估。因此，我们不得不在实践中完成大多数训练。我们将在下一章节深入阐述这一问题。

不过，教化和培训的过程是缓慢的，对领导人的需求则是迫在眉睫。我们没有能判断一位从未参加平叛战争的人是否算出色领导者的标准，因此，我们的可行方案是挑选出那些愿意接受平叛战争新概念的人，赋予他们职责。谁在实践中证明了自己，谁就会被推举上来。

至于那些无法摆脱常规战争思维的干部，在武装部队里有他们的一席之地，但切忌将他们安排在平叛力量的文官部门，可以把他们安排到机动部队去。

无须多说，如果在革命战争中，政治可信度是一个难题的话，那么我们应该把最值得信赖的干部安排到群众工作去。

选择打击区域

战略问题

平叛者可以选择两种截然相反的办法，第三种就是两者折中后的办法。根据第一种，平叛进程从难到易，起初将精力集中在红色区域，逐步向粉色区域和白色区域延伸。如果顺利的话，这是最快的方法。第二种方法则是从易到难，在初期几乎不需任何技巧，但进展速度会较慢，并给叛乱分子在红色区域发展壮大的机会。选择第一种还是第二种，主要取决于对手的实力。

在希腊革命战争中，政府军起初倾向于第一种但略为折中的方案，他们从清剿希腊中部的色萨利省开始，随后马上向东北方向进军，攻打革命者沿边界的要塞。结果革命者的武装部队安然撤到卫星国，并再度出现在希腊各地。政府军的第一次攻势以失败告终。在1949—1950年的第二次攻势中，政府军采用相反的战略：他们将伯罗奔尼撒半岛的革命者军队歼灭后，才在色萨利展开更大规模的攻势，最后才是扫荡边境省份。这次他们成功了，当然，部分原因是叛乱分子的外部援助阵营分裂，断了后撤之路。

在1956年的阿尔及利亚，相比

▲ 法国外籍军团士兵与俘虏的FLN战士，到了1959年，FLN发动的袭击次数急剧减少，至少在军事上，法军取得了无可争议的胜利

FLN，法国人拥有压倒性的军事优势。他们在全国范围内全面出击，特别是在与摩洛哥和突尼斯的边界，以及卡比利亚——一个地形崎岖、人口稠密的山区。不久，阿尔及利亚民族解放阵线就被摧毁，但在军事行动后该如何治理这片殖民地，法国人缺乏理论和经验，另外还有一些事情，这些都阻碍了法国取得最终的胜利。1959—1960年，法国的战略步骤是自西向东，自奥兰省开始，随后是瓦赛尼斯山脉、卡比利亚，最后是康斯坦丁省。这一次，他们有了足够的经验，在战争中得过且过的日子结束了。1960年年底，在法国政府的政策从"击败叛乱者"过渡到"让法兰西与阿尔及利亚分离"之前，阿尔及利亚FLN的兵力已经下降到8000—9000人，并且与民众隔绝，退化成规模极小、实力虚弱的小股部队，只有大约6500把武器，其中大多数由于缺少弹药被埋藏在地里；所有的省级头目即使用无线电台也无法与国外的FLN组织联系上；雪上加霜的是，内部清洗正在毁灭他们；因此留在阿尔及利亚的一些FLN高官提出缴械投降。边境线不再对渗透行动敞开怀抱，仅偶尔会有一两个人渗入。法国的武装力量，不算各村的自卫武装的话，有15万穆斯林官兵。如果法国政府政策不变，那么为了消灭负隅顽抗的叛军残余部队，法军将继续实行上述措施，考虑到阿尔及利亚的面积与地形，这充其量是一项长期任务，在马来亚，平叛战争的最后阶段持续了至少五年。

显然，第一个被选上投入军力的区域，必将受战略的影响。我们最好记住，即使受地理的限制，平叛者也需要尽可能快地取得一场彻底的胜利。从革命战争的心理效益来看，即使让叛乱分子在其他地区发展，也值得冒这个风险。

平叛者通常缺乏平叛战争所需的非军事行动的实践经验，必须尽快获得这些经验。

综上所述，应在承担一定战略风险的前提下选取第一块打击区域，从而保证取得一场战术胜利。换言之，除非平叛者实力强大到可以尝试相反战略，否则最好由易到难。

战术因素

在所选区域，常规战争中通常考虑的因素，如地形、运输条件、气候等，在平叛战争中依然有效。从这角度说，平叛者必须格外关注这一区域是否被天堑，如海、河、平原等隔离。我们把平原当作天堑，听起来似乎很奇怪。但事实上，对叛乱分子而言，山脉、森林、沼泽不是障碍，恰恰相反，这些地形是他们最青睐的。国境线也是如此，一般情况下，它们只能束缚政府军。如果该区域没有天堑，那么平叛者就得考虑修建人工障碍，法国在阿尔及利亚与摩洛哥、突尼斯的边界上便修建了人工障碍。这种方式代价高昂，但效果很好，并节约了人力，因此值得这么做。

但是，既然民众是平叛战争的目标，与民众相关的因素便格外重要。在选定区域有一些与民众相关的客观因素。如，人口数量是多少？人口越多，任务越重。民众是聚集在城市和农村，还是散居在各地？聚集的民众易于保护与控制，只需要一个步兵连，就能轻易控制有一两万居民的城镇——出现起义的情况除外；如果同样的人口散布在乡野之间，所需兵力就得远高于一个连了。民众对平叛政府提供的外部援助及经济设施的依赖度如何？必须要进口食品和其他物资吗？贸易是否重要，或者可以在自给自足的经济下生存？

除此之外，还有一些主观因素。民众如何看待各自的对手？潜在的友方、中立方、敌方的比例是多少？可否预先将其分类？如果可以的话，比如资产阶级、富农、小农等，要对他们采取何种态度？他们身上有没有负债？在这些阶级内部，

▲ 在阿尔及利亚—突尼斯边境的ALN，他们的制服统一，装备更好

▲ ALN的两名年轻女兵在摆弄鲁格手枪，尽管在民族独立战争中女人付出了大量努力，但战争胜利后，"妇女解放"这一口号还是被取得政权的FLN抛到了脑后

是否存在分裂因素，使其进一步瓦解？在平叛战争中，这种政治分析的重要性，不亚于常规战争的地图研究。因为我们可以通过上述分析，大体上确定在该地区开展工作的难易程度。例如在阿尔及利亚，我们可以推断，从法国政府领取退休金的穆斯林退伍老兵必然敌视 FLN，被伊斯兰风禁锢的穆斯林妇女会向往得到解放。尽管有些推断是谬误，但总体上都是正确的。

无论是该区域的人口，还是面积，都存在一个阈值。超过这一阈值，隔离将很难完成，其效果也十分不佳。比这个阈值小的话，叛乱分子的影响依然容易从外界渗透，当地民众意识到自己人数较少，过于暴露与引人注目，也会不愿意屈从于政府军。

我们无法通过理论来精确计算这一阈值；具体案例要具体分析，但由于叛乱分子通常徒步行动，这就为我们提供了一个大致的计算方法。我们选取区域的最小直径，应不少于三日之内的徒步行程，这样外部的游击队试图深入渗透的话，仅凭借连夜的强行军是不够的。这就给了平叛者更多机会抓捕叛乱分子。

政治准备

在实施一场大规模行动前，平叛者面临的，也许是战争中最大的难题：他必须用动机武装自己，这一动机将与叛乱分子的动机形成竞争。

让我们首先排除简单的情况——容易分析的问题——简要描述如下：

1. 叛乱分子自身没有任何动机，而是利用平叛者的缺点与错误。叛乱分子的目标十分简单："让流氓们下台！"如果这些流氓们（指当权者）改良了他们的统治方式，那么叛乱的动机就没有了。

2. 叛乱分子拥有自己的动机，但平叛者可以在无须过分削弱自己权力的前提下，认同这一动机。正如我们看到的，在菲律宾虎克军的叛乱中，平叛者要做的无非是允诺必要的土地改革，并通过行动证明所言非虚。

通常情况下，叛乱分子的动机会不断变化。平叛者能做什么？随着平叛战争的进程，战争本身成为首要问题，平叛者思想上的障碍将会消退。但这无法使人感到安慰，因为平叛者还得坚持到那时才发起反击。

大家心里有一个错误观念，就是平叛者必须先实施政治改革才能赢取民众的支持。事实上，不管某政权多么不得民心，如果平叛者心如铁石、实力强大，拥有人数较少但积极性高、忠心耿耿的追随者——一旦叛乱分子取胜，这些追随者可能失去一切，包括生命，那么平叛者就可以把权力牢牢攥在自己的手里。为了延续统治，平叛者也可以颁布法律与条令、运用经济手段、减少公共建设及社会服务来撤销有益于民众的现有政策，然后将这些作为民众与之合作的奖赏，逐步恢复。例如平叛者可定额配给食物，只有合作者才得到配给卡。平叛者也可以最大限度利用那些积极的追随者，给予他们特权，通过他们进行统治，而不在乎他们多么令人厌恶，这也是匈牙利的卡达尔政权的统治方式。而其他人，毫无疑问处于其统治之下。但这种彻头彻尾的强权政策最多只能恢复革命战争之前的状态，也就是剑拔弩张的状态，不会得到持久的和平。

　　如有自由倾向和正义感的缺失——前提是叛乱者的诉求中有某些正义感的成分——则平叛者可以构思出一整套政治方案来武装自己，以此提出精明且切合实际的诉求，尽可能让叛乱分子失去自我鼓吹的舆论环境。

　　叛乱分子的主要驱动力是激情，因此平叛者寻找应对动机时，他只能诉诸理性，这样他的选择面就十分狭窄了，在不危及权力的前提下，改革能持续多久呢？他究竟——无论对错——为何而战？当叛乱分子要么没有动机，要么有笼统性的动机——就像大多数反殖民运动一样，留给平叛者的政治操作空间就极其有限了。今日的叛乱分子要求独立、发表革命演说、推进无产阶级专政；而他的对手，只能内部自治或对之稍作修改，坚持循序渐进的方针，强调一切阶级的团结友爱。

▲ 拥有动机能迅速提升战斗力，墨索里尼的意大利军在二战中的表现堪称笑柄，但他们成为游击队员后，其战斗力不容忽视

▲ 美国内战期间，林肯总统公布《解放宣言》，便是正确把握颁布纲领时机的范例，早在1862年夏天，林肯便欲将其公之于众，但彼时联邦军连战连败，因此国务卿西华德认为，如果此时宣布《解放宣言》，将"可能被认为是一筹莫展的政府采取的最后一招，是要乞求援助"。安特蒂姆战役后，林肯终于有机会向全国发布《解放宣言》，自此改变了内战的性质

　　但是，平叛者明白，他的纲领在短时间内并不会得到共鸣，或能得到很少共鸣，因此他必须以某种形式实施改革，即使改革是次要的、微小的。平叛者必须赌博：从长远看，理智终究会战胜激情。

　　如果平叛者足够明智，那么他必须弄清给予民众的是否为其所需。上层统治者构思的抽象化改革方案，在纸面上往往看起来鼓舞人心，但并不总是符合大众的愿望。因此，一个切实可行的方法就是，客观调查民众的需求，列出清单，划掉无法满足的列项，推行剩余选项。

　　与此同时，平叛者也需要确定何时公布纲领。如果公布得过早，就会被视为平叛者走向衰弱的讯号，让叛乱分子提高胃口，甚至让民众抱着获取更多特权的期望，转而支持叛乱分子。随着战争的持续，纲领的影响力将会削弱。如果公布时间过晚，那么赢取民众支持的任务将变得更为艰难。事先无法给出方案，只能依据形势选择恰当时间。但是，明智且可行的是，将政治纲领与具体改革措施分开。在战争前期可以宣布概括性的纲领。由于只有在顺利实施后，改革才有意义，因此只要初步的军事行动已经达成，就可以在地方开始宣传。当地区试验已经显现出改革的价值，就可向全国宣传。

无论如何，对平叛者来说最糟糕的事就是承诺改革，却不愿或不能付诸实行。

第一块区域是试验区

无论平叛者经过何种准备、训练与教育，实践永远不等同于理论，因此他们在实践中注定要交学费。但是，如果平叛者依旧无法从错误中汲取教训，那么他无法被原谅。这就是为什么第一块被选取的区域应被看作试验区。在试验区开展行动，既可以观测试验结果，又可以吸取经验教训，这两个目的同等重要。

试验意味着实践，专注于观察发生的事情，及时且愿意改变错误。学习意味着从事件中吸取适当的教训，并向其他地区传播经验。上述行为，不能被偶然和个人的能动性支配，必须经过深思熟虑的组织。

行动

在此，我们将研究实施《革命战争"冷战"阶段的平叛行动》那一章概述的战略时会出现的战术问题。从理论上说，我们应当关注原则多于具体诀窍。

第一步：摧毁或驱逐叛乱分子武装

在所选区域摧毁了游击队，当然能令人满意，这是平叛者应该争取达到的目标。但有一件事必须要澄清，即军事任务本身的达成并不意味着万事大吉，因为游击队犹如传说中的九头蛇，如果无法在同一时间被全部歼灭的话，他们便会具有死灰复燃的特异功能。因此，第一步的真正目的，仅仅是为接下来的平叛行动做准备。

等到留守该区域的常驻部队能够部署到必要范围时，我们的目标就达到了。因此，如果大多数游击队仅仅被驱逐，结果仍然很好。即使游击队解散成小股部队在这一区域潜伏起来，只要平叛者死死盯着他们，使他们无法再壮大，这一结果依旧可以接受。为了达到这种效果，部分部队依旧要驻守在这一区域，直到常

▲ 在费卢杰战役中，美国海军陆战队穿行在被炸成一片废墟的费卢杰镇

驻部队形成战斗力，对民众具备足够的心理控制，能够对付分散的游击队，防止他们再度汇聚成大规模的、更危险的部队为止。

为了取得更大战果，平叛行动的第一步绝不可拖延。这一行动的战术，本质上讲十分简单：

1.机动部队以及暂驻在该区域用来支援常驻部队的部队，突然在所选区域周边集中。他们从外界进入，其目标是包围游击队。与此同时，命令驻守相邻区域的部队也在所选区域的边界处加强戒备。

2.接下来是自内向外的扫荡，其最低目标是将游击队驱逐出去。

3.整个行动将分解为若干小规模行动。全体常驻部队，无论是旧有的，还是新组建的，均被安排到固定片区。一部分机动部队作为整体行动，集中控制；其余的机动部队则被借给各片区。经过两次扫荡后，全体部队都用来处理剩余游击武装。

在这一步中——与其他步骤一样——军事行动要以信息收集，针对叛乱分子、己方部队及民众的心理战为辅。

针对己方部队的宣传

这一阶段的军事行动主要是军事性质的，不可避免会造成一些破坏与损毁。

叛乱分子将会利用这一点，努力挑起民众与平叛势力之间的冲突。

由于激起民众的敌对不会给平叛带来帮助，因此有必要对肇事者进行惩罚，莽撞行为应极力被限制。而且应该向参与军事行动的军人全面灌输损毁与破坏造成的后果，恶行应受到严厉的惩罚，如果能给民众留下深刻印象的话，甚至应将其公之于众。一切破坏，都应立即进行赔偿，不需要官样文章。

针对民众的宣传

在这一阶段，平叛者要求全体民众与之公开合作是没用的，甚至会弄巧成拙，因为民众依然处于叛乱分子的控制之下，根本不能这么做。如果过早推行该路线，民众将认为平叛者已经遭到失败。更何况，假若部分民众因贸然与平叛者合作，而遭到叛乱分子惩治的话，造成的心理挫败将是灾难性的。

在这一阶段，平叛者如果足够明智，将会把目标定为获取民众的中立，也就是让民众不主动支持交战的任何一方。总的路线可以是："如果你们保持中立，这里很快就恢复和平，但如果你们协助叛乱分子，我们将不得不开展更多军事行动，将造成更多破坏。"

针对叛乱分子的宣传

在这一阶段，叛乱分子最大的错误就是接受战斗，在平叛军锋芒正盛时依旧十分活跃。因此心理战的目标，就是刺激叛乱分子尽快卷入战斗。

当平叛军失去了突然性的优势后——此优势存在于集中兵力阶段及首次行动之后——他便开始宣布常驻于此，深入群众，从而赢得民众支持的意图。而叛乱分子既怕丢面子，又怕丧失生存基础，在诸多因素的刺激下不得不接受挑战。

第二步: 部署常驻部队

在这个阶段，通过军事行动彻底剿灭游击队事实上是不可能的，游击队的残存力量始终会留在这片区域，只要叛乱分子的基层组织未被彻底破坏，将会有新成员源源不断加入游击队。只有通过与民众合作，才能将他们剿灭得一干二净。如果一切顺利，在以后的步骤里，这种合作会适时出现。因此，从现在开始，平

▲ 苏格兰近卫步兵给婆罗洲当地的达雅克族猎头人点烟，这些土著居民是追踪游击队的骨干

▼ 马来亚平叛总指挥霍华德·布里格斯勋爵视察马来亚联邦当地安保部队

叛力量必须将工作重心从游击队转移到民众之上。

这并不是说军队就不再积极投入行动。相反，常驻部队将继续搜剿游击队，但采用的手段变成了小规模行动与设伏。而且，实施上述积极行动的前提，是切勿耽搁首要任务，即赢得民众支持。

平叛者也切勿让游击武装在外界区域发展壮大后进入所选区域，因此这一区域机动部队的主要任务就是防止入侵。

部署常驻部队的目的是搭建一个由军队组成的网络，保护民众和公务人员，由于此时文官人手不够，因此军队也可以参与基层的市政活动。所选区域将被划分为区与分区，每个分区都有各自的常驻部队。

治安部队应被继续细分成"平叛战争的基层部队"：指挥官直接同民众接触的大规模部队。在平叛行动中，这是最重要，也是出现问题最多，甚至决定战争成败的单位。根据不同情况，基层武装的规模也会不同，起初为一个连或一个营，在后期只有一个班，甚至一个乡下警察。

在组建常驻部队时，需要格外关注以下几点：

在所有层级，行政与军事之间必须有界限，即使从军事角度上看，这一界限没有意义。如果我们不能正视这一原则，将会发生会对叛乱分子有益的混乱。

从逻辑上讲，在由军队构建的网格中，中央地带必然比边缘地带更为紧密，因为军队必然在中央地带投入主要兵力开展行动。

部队必须依据民众居住的分布情况，而不是依据某地是否存在军事价值而驻扎。一支军队在所谓的战略要地，可能会无所事事混过整场战争，对击败叛乱分子毫无贡献。当然，这并不意味着我们不应该保护桥梁、通信站及其他脆弱设施，但是，平叛军不应该浪费在传统的制胜要地，因为在革命战争中，这些要地制胜不了什么。

如果乡下民众居住过于分散，无法在所有居民附近都驻军的话，那么平叛者将不得不面临重新安置民众的抉择，就像昔日在马来亚、柬埔寨、阿尔及利亚所做一样。这种激进措施既复杂又危险。复杂，是由于必须将民众迁移走，要给他们提供住处与基础设施，维持旧的或寻找新的谋生手段。危险，是由于没有人愿意背井离乡，这一行动必然会在关键时刻激怒民众。从长远来看，如果重新安置组织执行得足够出色的话，或许可以从经济与社会角度上让民众受益，但在短期内这并不会生效。更重要的是，重新组织民众相当于防御姿态的行动，在这一行动期间，叛乱分子至少在乡下的夜里能得到很大自由；并且这一行为与积极动员民众，让他们成为情报来源与对抗游击队的广泛民兵力量的最终目标很难调和。阿尔及利亚的例子，就是重新安置的奇妙成果。当法国人封闭突尼斯边境时，他们在距边界一定距离的地方建造了围挡，通过移走边境和围挡之间一些地方的当地居民，他们创造了无人区。在 1959 年，当局势转为对法国有利时，他们又将民众迁回了围挡与边境之间的地区。然后，FLN 又强制把居民迁到突尼斯，因为法国人从中得到太多情报了。

由于平叛者的缺陷，重新安置民众毫无疑问是平叛者的最终方案。只有在基层安全部署平叛武装的希望已经渺茫时，才可付诸实施。如果真到了这种情况，必须先在有限范围内测试重新安置方案，以便发现问题，汲取必需的经验教训。在安置之前，应加强心理与后勤的准备。最后，安置地的面积应契合平叛部队能够部署的最大值。例如，如果在一个给定区域，一个营可以安全拆分成连部署，那么四块 2000 人的安置地，要优于一块 8000 人的安置地。

那些人烟稀少、难以穿越的地区，可以划定为禁区，违反进入者可被拘捕，甚至可被地面和空中火力就地射杀。

每一级的地区指挥官，都必须拥有自己的机动预备队。治安部队越分散，机动部队越重要。但是，机动部队在军事行动的间隙期间不得无所事事，可以而且应该参与民事活动。换句话说，这些地方机动预备队也算常驻部队，但与通常的常驻部队不同的是，在得到警告一两个小时，最多几个小时之后，当地指挥官即可将这些部队投入军事行动。

部署常驻部队不应墨守成规，如死板地在村子里驻扎一个连或一个营；必须因地制宜，因为随着平叛的进展以及该地区安稳度的攀升，治安部队的战线将越拉越长，直到只留下少数部队担任自卫武装的核心。应禁止为驻扎士兵而建造奢侈、笨重的建筑，这并不是因为成本，主要因为心理因素。从人性上考虑，士兵们愿意待在兵营里，而不是不舒服的民宅。同样从人性上考虑，如果士兵一直待在兵营，那么在民众心中，这些兵爷始终是外人。平叛武装除非有必要，否则应像当地居民一样居住，甚至可以住在棚屋，这有助于建立与民众之间的联系。

我们从试验区得出的教条，应被推广到每个层级。基层部队在获取实际经验之前，不应被匆忙部署到全国，即使这么做很安全，最好是先集中精力在一个村子获取经验，待士兵占领其他村庄时，就知道什么是需要做的，什么是需要避免的了。

在这一步骤中，应根据下列要求，安排信息与心理战。

针对己方部队的宣传

由于现在平叛军的主要精力已从军事行动转到其他领域，因此应告知平叛士兵为何转换任务，并向士兵笼统阐述他们未来的任务。如果我们在自由讨论的氛围中传达这些信息，应当而且可以达到另一个现实目的：领导者可以在官兵中选出最适合从事群众工作的人，以及那些为平叛的军事行动所吸引的人。

针对民众的宣传

常驻部队的部署，标志着转变民众中立——如若不是敌对——立场的漫长战役的开始。部署部队，是平叛者在此长期经营的令人信服的证据。如果平叛军在激烈、短暂的军事行动之后就考虑撤离，那么他们就不会在此部署军队。我们应当很自然地利用这一结论，而利用的最好手段，就是间接手段，也就是让民众从流言和事实中自己推导出结论。例如，与一个村民洽谈一份租用民宅或耕地二至三年的合同，这毫无疑问会产生奇效。

针对叛乱分子的宣传

常驻部队无法瞬间或者同时部署在所选区域的所有片区，因为不同片区的局势难免有区别。在这一阶段，由于在此区域的机动部队依然存在，以及常驻部队尚未分散成小分队，因此平叛军兵力十分集中。

在这一阶段，应针对叛乱分子推行与上一步骤相同的政策，即刺激游击队在他们最糟糕的时刻迎战，这依旧符合平叛军的利益。必须强调的一点是，由于一旦切断叛乱分子与民众的联系，他们就会失败，因此，呼吁叛乱分子撤出此地或者劝他们投降，可以激将其领导做出相反的事来，即战斗。

第三步：接触与控制民众

在这一步中，我们要追求三个主要目标：

1. 重建平叛者在民众中的威望。

2. 通过物质手段，尽力把民众与游击队割裂。

3. 为下一步——清理叛乱分子的基层政治组织收集必要的情报。

由于这一步处于工作重心由军事向政治过渡的中间位置，而且军事与政治任务都很重，因此这是平叛进程中最为关键的一步。

现在主要的关注点转移到基层部队，这时，真正的战斗才刚刚开始。

1. 与民众接触。与民众接触这一特别行动，是双方阵营争夺民众的第一次较量。民众未来的态度，甚至战争的未来出路都处于千钧一发之际。平叛者无法承担输掉这场较量的后果。

战斗由民众而生，这些民众在不久之前还处于叛乱分子的公开控制下，现在可能依旧被叛乱分子的基层政治组织秘密控制着，即使有足够理由相信大多数民众同情平叛者，他们也不会自发与平叛者合作。民众通常会避免与平叛者进行任何接触。因此平叛者必须将二者之间的隔阂打破，且只能依靠强制力。这时候，平叛者只能强制要求民众按其要求去做。但是，切勿把民众当作敌人看待。

解决方案的第一步是要求，随后是命令民众从事一些有偿的集体与个人工作。这样，当民众与叛乱分子面对面接触时，他们就可以把平叛者的强制命令当成借口。当然，在这里通常出现的严重错误是向民众颁布命令，但无法强迫民众执行；只有民众在平叛者所辖范围内顺从他们，才可以小心谨慎地向他们颁布命令。

平叛者可以通过执行直接受益于民众的任务，例如清扫村庄、修复道路，逐渐引导民众通过被动的方式参与打击游击队的战斗，例如为军事目的而修路，帮忙修建村庄的防御设施，为军事派遣队运输补给，提供向导和警卫等。

2. 控制民众。对民众的控制显然要从彻底的人口普查开始。每名居民都必须登记在册，并领一张无法造假的识别卡。为了达到逐户控制，每户都应有户口本。当某家出现变动，户主负责上报。这一条十分有效，不仅可以让普查短期内不会过时，而且会让户主不得不参与平叛战争。

叛乱分子不会对普查视而不见，并且很容易猜出普查的真实目的，因此必然会破坏普查。其中一种手段就是强迫村民毁掉识别卡，但由于在革命战争中，一个百姓没有识别卡就会惹上大麻烦，这种手段很快在民间引起抗议，叛乱分子不得不放弃该手段。另一种手段是趁着平叛者不注意，而民众集体沉默时，自己注册一张；为了阻挠这一更阴险的手段，平叛者可以要求，所有在人口普查中登记过的健康男子，在下发识别卡之前，必须由其家庭以外的两名担保人做担保，担保人对自己陈述的真实性负责，不然将遭到严重的处罚。这种方法也可以让民众敌视叛乱分子。

如果人口普查得到妥善开展与利用的话，可作为情报的基础来源。它可以显示，例如，谁跟谁有关系，这在平叛战争里是重要情报，因为从村里征召的叛乱分子，在前期主要依靠家族关系；谁做买卖，谁在外面打工，这些人有合法的理由出门；每个人收入的来源和数额，可以很容易从中找出哪些人可以承担投身于非正常活动的资金；平叛者应妥善组织并系统实施人口普查，在各个片区内，其形式和内容尽可能保持一致。

控制的目标是切断，至少显著降低民众与游击队的联系。这个目标可以通过

▲ 巴蒂斯塔政府军处死异己分子，政府的倒行逆施使越来越多的民众支持卡斯特罗的"七·二六"运动

◀一名马来亚人民解放军（MRLA）的标准形象

监视民众行动完成。经过一段时间后，当平叛人员开始了解民众，了解每名居民后，便可以轻易发现他们是否有不正常的表现。如果我们将被占领村庄分割成几片，每片都安排士兵一直在那里工作，那么可以加快熟悉民众的进程。

通过实施宵禁，或者颁布以下两条限制个人行动的简单守则，也可以实现对民众的控制：1.任何人没有通行证，不准离开村庄超过24小时；2.任何人不经允许，不准收留外面的陌生人。这些守则的目的，并非不让村民活动，除非有特殊原因才这样做，仅仅是核实公民的行动。因为没经允许的出行变得更加困难，平叛者又给民众提供了不帮助叛乱分子的借口。

然而，这些守则只有能够得到严格和系统地执行时才有价值。由于必然会有人违反这些守则，因此我们必须设计并公布快速简洁的罚金体系。罚金数额是平叛的最高级领导应考虑的问题，因为这一问题十分严肃，不能让当地指挥官自行决定，否则会导致罚金过重或过轻，这两种情况都会造成混乱。

在第一步的晚期，依然留在所选区域的游击队员人数很少，分布零散。他们只需要少量补给就可以生存。切断他们的补给需耗费太多精力，而且成效甚微。如果有必要控制交易的话，应当限制罕见的但对游击队有用的货物，例如罐头食品、收音机电池、鞋子等。当游击队从地理上与民众隔绝后，控制食品的代价很小，但效果相当不错，就像在马来亚，当民众被迁走，游击队生活在丛林之后，英军所做的一样。

3. 保护民众。平叛者的对手也会在民众中强制推行其意志，并给予民众不与敌人合作的借口。叛乱分子通过威胁民众，给予他们借口——如果不是理由的话——拒绝或避免与平叛者合作。

如果民众认为平叛者没有正在保护他们，那么平叛行动将不会取得成功。因此，平叛者需要升级军事行动，白天多巡逻，增加小规模行动和晚上埋伏的人数。最重要的是，平叛者必须避免这种有趣的情况出现：平叛军统治着白天，游击队统治着黑夜。

必须制定快速应对一切叛乱分子的计划，在此计划中，平叛部队在接到通知后可短时间准备完毕，投入战斗。

4. 情报收集。当建立一个搜集情报的组织后，情报必定会如潮水般涌来，一方面因为信息提供者会自发赶往情报组织，另一方面情报组织也会主动寻找信息提供者。真正的困难，在于如何建立情报组织，以及如何加速情报组织的运转。

在这一阶段，由于民众惧怕叛乱分子，对平叛者缺乏信心，所以信息提供者不会自发赶来。为了克服这一窘境，平叛者应该引导他们通过安全、匿名的方法传递信息。为了这一目的，我们可以设想出许多体系。但最简单的方法是增加民众与平叛人员接触的机会，每一名平叛人员都必须参与情报收集工作（不仅是专业人员）。人口普查、发布通行证及发放工人工资等，就是上好的机会。

如果平叛者把精力集中在那些理论上应属于潜在盟友的居民身上，例如，叛乱分子获胜后将得不偿失的居民（根据叛乱分子的计划，可以推断这些人是谁），在这些人中间寻找信息提供者，那么将得到更好的结果。

如果获取情报的速度依旧缓慢，那么平叛者需要对民众施加压力。即使在最原始的国家，民众也无法在官僚体系不合作的压力之下长期坚持。叛乱导致平日不得不遵守的规章数量有所增加，这是理所当然的。平叛者如果节制，只针对少数人而不是整个社会运用官僚体系，那么它将成为平叛者手中的有力武器。

在更困难的情况下，平叛者可以装扮成叛乱分子拜访民众，这是另一种获取情报的方法，并可以在民众与游击队之间散播猜忌的氛围。

5. 开始赢得民众的支持。贯彻实施政治改革在这一阶段为时过早。在叛乱分子的基层组织已被摧毁，当地领导者出现之后，才是改革的恰当时机。在政治领域，平叛领导人在此阶段的任务是发现哪些改革是真正所需并上报，或判断公之于众的改革是否与民众意愿相符。

但是，由于经济、社会、文化、医疗领域的改革并不完全取决于民众的积极配合，因此平叛者应当在这些领域立即着手各种改革。如果平叛者事先清楚这些改革将造福民众，甚至可以强加于民。随着改革初现成果，民众很快就会将对平叛者家长制作风的指责抛在脑后。

平叛者应抓住一切机会，利用人力和装备资源帮助民众。但最好不要过多宣传，因为无论行动结果的好坏，都会随着公众的流言而被点评和夸大。

在第三个步骤里，在情报和心理战中出现的问题与需要完成的任务非常多。

针对己方部队的宣传

当武装部队散布并生活于民众中间时，不用告知士兵，他们需要赢得民众的支持。此时士兵的处境很微妙，他们出于本能，也会意识到自身安全取决于和当地民众的良好关系，因此自然会表现得友善。现在的问题是，如何让平叛人员在保持内心警惕的同时，表面上对民众保持友好。

另一个问题是，如何从平叛全体官兵中找出一位活跃而能干的代理人，而不考虑他的军衔和品德。官兵们只要严格遵守军令，就足以完成之前的步骤。但现在，主动精神是必不可少的。但是，个人的努力必须与集体方向一致，尽量减少离经叛道行为，或无意造成的错误。在这段时间里，地方指挥官必须每日给手下安排特定任务，耐心解释任务的目的，勾勒实现目标的方法，预见可能出现的困难，提出适当的解决方案。每次行动后，他必须与手下开会，聆听他们的讨论，吸取经验教训，并将经验分享给其他小分队。上述方法对于提高能动性应该能起到一定作用。

针对民众的宣传

在这一阶段，应争取完成与民众有关的三个主要目标：

1.平叛者采取的一些行动（人口普查、控制出行、强加任务等）可能会影响民众，因此需要获得民众某种程度的认可，至少是理解。

2.为瓦解民众与叛乱分子的关系，开展基层工作。

3.准备给那些同情平叛者但依旧持中立态度的民众，做思想工作。

完成第一个目标不会出现太大问题，平叛者只不过需要告知民众他打算做什么，为什么这么做。但是，完成剩下两个目标会出现困难。宣传活动有点像恐怖主义，往往会取得适得其反的结果。在所有的战争工具里，宣传是最微妙的。运用它必须小心谨慎，密切联系实际，提前做好计划。但是，如果宣传的目标是当地民众，涉及当地事件，处理的是与村民密切相关的问题，根据每个人的具体情况，或者凭借其特征（男人、女人、小孩、老人等）进行标记，而不是眉毛胡子一把抓时，宣传往往能取得好的效果。

此时的宣传工作，事先在高层中间很难被"预热"。人们可以很容易就发现，地方指挥官的责任是极其沉重的，特别是他已经与民众有所接触，但总体上尚未得到回馈的时候。如果高层不愿帮助他，他怎能完成他的任务？

他在执行战略宣传时，应专心致志。他应该有位助手，从而可以从指挥官的日常工作中解脱出来。如果他的顶头上司与民众有足够接触的话，应提供给他与时俱进的指导方针，从而改进宣传手段。只要有必要，他还应该得到心理战人员的支持。

针对叛乱分子的宣传

游击队，跟任何人类团体一样，会有各种各样的想法、感触，对叛乱的投入程度也不一样。如果我们将他们看作一个整体，毫无疑问会使他们的凝聚力

▲ 英国马来亚殖民当局散发的传单，引诱游击队员投降

进一步加强。从现在开始，平叛者的心理战目标，应当是分化叛乱分子的队伍，使他们内部产生分歧，然后争取到持异议的人。

这一任务通常超出了地方指挥官的能力范围，因为他只能通过间接渠道（民众）与叛乱分子接触。而四处分散的游击队的活动范围，比他可控制的区域要大许多。因此起主导作用的应是高层领导者，地方指挥官只负责参与。

第四步：摧毁叛乱分子的基层政治组织

在民众中拔除叛乱分子政治代理人的重要性是显而易见的。现在的问题是，如何以最小的代价，迅速有效地完成这一任务。

从本质上说，这并不是一场针对普通犯罪分子的警察行动，尽管平叛者对这些人并不支持，但他们的所作所为值得钦佩。此外，这些人并不直接参与恐怖主义行动或游击战，因此他们的手上并未沾染鲜血。

由于这些人是当地人，在当地有亲戚朋友，此时却遭到外地人的搜捕，部分民众自然会理解和支持他们；即便是最乐观的情况，警察行动也会带给民众和与民众共同居住的平叛者不愉快的一面。这就是逮捕代理人的行动务必迅速果断的原因。

但是，谁能担保不犯错，不会拘捕无辜民众呢？叛乱分子最为擅长的把戏之一就是误导平叛者，让其拘捕敌视叛乱分子的民众。即使抓获的人是真的叛乱分子，如果接下来让外行操作、审讯，也是危险且毫无效果的。上述原因决定这些行动必须由专家完成，切忌将他们与正在努力赢得群众支持的平叛者搅在一起。如果现有的警察不值得信赖，那么必须为了完成这一目的而建立特别警察部队。

鉴于每名平叛人员都参与了获取情报的行动，因此与政治代理嫌疑人打交道的只能是警察。但是，当地负有总责的平叛指挥官并不是无事可做；他必须对上述行动进行指导，他必须在"肃清"行动中与警方保持密切的联系。由他来决定何时开展"肃清"行动，这一时机的选择，主要基于以下两个因素：

1. 是否有足够的情报能使"肃清"行动成功。

2. "肃清"行动开始后，是否还有后续行动。

在红色区域，叛乱组织的情报状况通常是这样的：大头目及几个上层头目对

▲ 英国—马来亚军警盘问当地民众

他们的事业十分忠诚，很难轻易改变他们的观念，他们被抓后也不会随意招供。级别低点的叛乱分子被单独或小规模抓获时，也不会招供，因为他们担心，接下来平叛者针对政治代理人的行动，将会让他们泄密的事情暴露。但是，由于每个村民基本都知道谁是组织成员，至少知道谁在庇护他们，这就意味着通过间接手段获取的情报，比用直接手段来得更容易且更准确。

程序如下：

1. 同时逮捕一大批级别较低的嫌疑者。

2. 通过他们的泄密，拘捕组织成员。

这种手段当然存在风险，因为组织成员往往在平叛者实施第一步时得到警报，然后逃之夭夭。但是风险很小，因为这些人随着逃跑，就会变得一无所用了。如果他们加入游击队余部，并不会显著提高游击队战斗力，反而带来额外的负担，因为多几个游击队员不会对局势产生什么影响，但是基层组织要是被清除的话，对局势的影响就很大了。如果他们跑到另一个区域，他们作为叛乱分子代理人的价值将会急剧下降，也很容易被发现和拘捕。因此，类似于第一步中将游击队驱逐出去就令人满意，将代理人赶走，也是可以接受的。

肃清行动无须等到明确组织成员身份之后才开始——因为过程太长，期间他们有太多机会逃走——而是在收集了足够的信息，大量村民成为嫌疑人后就可行动。

如果遭到肃清的村庄尚没有，或者一段时间内不会被平叛军占据的话，肃清行动就毫无意义。因为游击队很可能强迫缺乏保护的民众重新建立基层组织，然后平叛者不得不重复肃清行动。因此平叛者不得犹豫，应尽快派出小分队占领被肃清的村庄，如果平叛者显然无法做到这一点，那么他最好什么都不做，等待时日。

依照常理，被抓获的组织成员因参与反政府阴谋行动，应根据法律得到惩罚。然而，在革命战争中，一切不得依照常理。倘若平叛者希望迅速结束这场战争，那么他必须抛弃一些适用于和平时期的法律观念。缺乏思考，一味刻板用法律解决问题，会使法庭被大大小小的案件淹没，此时，危险分子与本可争取之人将挤满监狱与政治犯集中营。

在这种情况下，宽大处理似乎是不错的选择，但这并不意味着做滥好人。诚挚忏悔的叛乱代理人，将不再对平叛战争构成威胁，可以立即被释放，而死不悔改者将遭到惩罚。在这里，我们有两个标准判断他们的诚意：是否全面招供昔日的行为，是否存在积极参与平叛战争的意愿。宽大政策的另一个好处是，有助于接下来的肃清行动，因为嫌疑人目睹代理人被释放后，将更愿意招供。

平叛者在这一阶段宣传时应注意的问题是，尽量减少拘捕行动带给民众的负面影响。他们将向民众详述摧毁基层组织的必要性，并向认识到错误的民众强调宽容政策。如果平叛者得不到信任，这并不要紧。因为民众越是不信任平叛者，当悔改的代理人真正得到释放时，民众受到的触动就会越大。

第五步：地方选举

现在，我们开始平叛战争中的建设部分。迄今为止，平叛者所做的，是消除武装叛乱分子对民众的直接威胁以及叛乱分子代理人的间接威胁。从今以后，平叛者的目标将是努力赢得民众的积极支持，这对彻底清除叛乱分子是必不可少的。

在肃清行动后，民众的态度将客观反映前方任务的艰巨性。如果平叛者很好地完成了之前的任务，那么民众就不会再有拒绝合作的借口了。摧毁基层政治组织，应当会给局势带来急剧的、戏剧性的变化：民众再也不会逃避与平叛者接触，再也不会遵守叛乱分子下达的禁令，自然而然会出现友好的气氛。

但是，如果民众的态度在肃清行动后并没有发生变化，这意味着：

1. 肃清行动并不彻底，可被轻易推翻。

2. 民众还没有完全相信平叛者的意志和能力能够获胜，但事实迟早会征服人们的沉默。

3. 民众很同情叛乱分子。这种情况要严重得多，因为这证明意识形态出现了问题，平叛者如果想赢回民心，还有相当长的路要走。但这并不意味着平叛者会输掉这场战争，因为他依然可以得到（而不是赢得）所需的支援。如果平叛者不

▲ 在波斯湾的也门城市亚丁，试图保住帝国所剩无几的殖民地的英军在围剿当地游击队

受欢迎，但他们的实力足够强大，他们可以依赖实力和少量支持者继续等待，直到和平成为关键问题。

无论如何，现在平叛者面临的主要问题是组织民众参与斗争。完成这一工作的办法，是将地方领导人安排在握有实权的位置上。

我们可以考虑两种相反的办法。第一种是从支持者中指定地方领导人，将其强加于民众头上，这是万不得已的做法，因为这些人的权力和影响力，自始至终取决于平叛者的力量。他们会被当作傀儡，民众永远不会真正尊重他们。

另一种更好的办法是发动彻底的自由选举，选举地方临时政府，使领导来自群众，由于领导是民众选的，因此二者的联系更为密切。中立分子或潜伏的叛乱分子当选的危险很小，因为民众意识到，平叛者很清楚谁为谁效力，特别是平叛者散布他们已从被捕的叛乱分子口中得到一些情报的流言后。民众很可能会选举众所周知或者传闻中的平叛支持者。

更危险的情况是民众并不选举天生有领导才能的人，而是选举被认为倾向于与平叛者妥协的人，出现这种情况的征兆是，地方领导者中缺少年轻人。

无论选举结果如何，平叛者都应接受并随后向公众宣布，这些新的地方官只是暂时执政，直到全国恢复和平后的最后选举结果出现为止。

在这一步中，对民众的宣传应当强调四个要点：选举的重要性、选民投票完全自由、投票的必要性以及选举的当地政府的临时性质。

第六步：对地方领导者的测试

平叛者在争取民众方面取得的最终结果，取决于当选领导人的能力。对民众来说，平叛者是外来户，因此倘若当选领导人能力欠佳，平叛者只能依赖自己，将无法在该区域减少兵力投入。

因此，选举完成后，平叛者首先应测试当选的地方领导人，测试的方法十分简单：给他们分派工作，通过完成情况判断他们的能力。在这个阶段，有很多工作可以安排：当地政府运作，在社会、经济领域开展地方项目，接管部分警察的工作，为自卫队招募志愿者以及宣传等。

平叛者很快就能发现，哪些领导人不孚负期望。对这样的领导人，平叛者要运用所有可用资本与平叛政权的权力巩固其地位，帮助他们建立当地政权。对那些没有通过测试的领导者，平叛者将在民众的支持下至少是赞同下，取消或调整他们的职位。

在一些选举中，可能出现当选的人都不称职，又没有更好的候选人的情况。这显然是运气不好，除了改划选区，将该选区与邻近选区合并以获得优秀人选外，没有更好的办法。毕竟选地方领导人，要比在全国范围内选一个优秀的平叛领袖要简单得多。

指派给地方领导人的各种任务，其意义不仅仅是测试，很多任务的初衷都是让领导者通过执行，来赢得民心，而另一些任务则是为了使人民积极参与叛乱分子的斗争：组织自卫队、为正规军招募全职辅助人员、组织情报网和宣传队。

在这一步，平叛者需要格外注意几个问题。

当选的领导者会成为叛乱分子的眼中钉肉中刺，因此应该加以保护，然而他们不能完全依赖平叛者。相反，平叛者应当告知他们，民众的支持才是最好的保护，现在是时候赢得民众的支持了。

在地方领导人执政初期，由于他们既没有名望也没有经过培训，因此不可避免会采用家长式管理。但家长式管理在平叛战争中往往会适得其反，因为它会让民众变得消极，只会说"是"，这是平叛局势中的瘟疫。因此，尽管可能存在风险，但必须尽快放弃家长式管理。

完成测试任务所需要的钱财、装备等各种后勤保障应当事先准备就绪，拨发时应尽量减少繁文缛节。此外，下发

▲ 也门的英军对当地民众搜身，在革命战争时期，剥夺民众部分权利是必需的

后勤物资属于政治行为，必须优先下发给民众最支持平叛者的那些村庄与社区。这种具有重要激励作用的手段不可随意使用。

当所选区域的部分片区民众开始积极支持平叛者时，这意味着已经出现突破，应该立即利用此事，影响进展较慢的片区。这就是这一阶段宣传工作的主要目标。

民众的口口相传要比平叛者发布的更令人信服，因此应劝当地人担任宣传员，不仅在自己片区宣传，也在其他片区宣传。当他们照办时，在所选区域的平叛战争事实上已经胜利了。

另一个取得突破的信号是，民众自发提供的情报急剧增多。

第七步：组建政党

随着本地区工作的进展，领导人在完成测试后，会出现在每个村庄和乡镇。他们终将聚在一起，组建国家范围内的平叛政党。其原因如下：

1. 政党是政治活动的工具，革命战争中，政治活动尤为重要。如果平叛者没有必需的工具将平叛政策付诸行动，那么再好的政策也一文不值。

2. 新的领导人只在当地行动中出现，拥有自己的势力范围，与附近的其他区

▲ 分别来自英伦三岛和波斯湾的两个人正在玩玩具车。胡萝卜与大棒缺一不可，也门的英军既残酷围剿游击队，也尽力改善与民众的关系

域相对隔离。他最多只能应对当地叛乱分子的抵抗，但是叛乱武装不一定在当地组建，可能是全国范围内，和所有身处其中的人共同组建。因此，叛乱分子依然具有一定程度的政治优势，这是不可容忍的。

3. 新领导人的权力，大多出自其行政职责。如果想把权力延伸到政治领域，只能通过政党来实现。

4. 新领导人与民众的联系仅是通过一次官方投票。只要领导者没有牢固扎根于民众的政治机器为后盾，他们就是脆弱的。跟平叛者努力发掘地方领导人一样，地方领导人也要努力从民众中发现激进分子，他们需要政党的框架、支援与指导，从而将激进分子组织到一起。

是将地方领导人和激进分子集中到现有政党更好，还是新建一个政党更好？显然要根据现有政党的威望、领导能力、纲领的魅力的具体情况而定。

新建政党，就会出现政治纲领的问题。平叛者只有决定将要实施何种政治改革，才能着手新建政党。

尽管在和平时期，大多数政党一心想扩充党员人数，而不考虑申请者的态度，但在叛乱局势下，平叛者必须十分审慎。平叛政党必须仔细遴选申请者，党员的质量比数量更重要。

创建政党是一项既复杂又漫长的事业。尽管如此，只要出现足够数量的地方领导人，就可以在国家组织中将他们编在一起。在开始阶段，可以使用地区协会达到这一目的。

第八步：争取或镇压残余游击分子

平叛者在把精力集中在赢取民众支持的同时，也不应忽视第一步行动后围剿残余游击队的行动，因此现在，他本该彻底将游击队剿灭干净了。但如果没有，他现在还得对付这些残余力量。

如今，战术难题是由以下几个原因引起的：游击队进攻无力；他们避免与民众接触，情报来源枯竭；地形复杂。在这些情况下，使用常规的设伏、巡逻及小规模行动搜捕游击队需要的时间长，且收效不大。因此，眼下最好的办法是恢复第一步中的大规模军事行动，但这次平叛者已拥有新的重要资本——民众对平叛行动的积极参与。

这一阶段的主要困难来自心理上。平叛阵营的"理智"人士会质疑，现在一切看起来都步入了正轨，为何这阶段还有必要发动如此大规模的行动？持这一观点的人始终存在。但事实上，还在该区域负隅顽抗的游击队员，必定是核心骨干，通过物竞天择选出的种子力量，不能将他们留给民众，让少数卫戍部队对付他们。平叛者可以通过这场最终行动，展示他们扫清叛乱分子的决心，这场最终行动也会带给所有区域的民众和平叛部队宝贵的政治收益。

消灭寥若晨星、与民众隔绝的游击队的基本行动原则是迫使他们站不住脚，

▲ 阿富汗战争时期，普什图游击队使用苏联的AK-47瞄准苏联士兵的古怪场景，在平叛战争中并不罕见。游击队的武器或从国外购买，或走私，或从对手那里缴获

成为"流寇"，在他们试图穿越平叛者的天罗地网时，将他们抓获。

这一阶段看似需要很多部队，但由于此时游击队已经分散成几个人的小组，战斗力很弱，因此应该信任临时武装力量——由常驻部队干部率领的民众。该区域的机动预备队则等待合适的机会驱逐游击队。

平叛者要根据当地情况，决定何时开始最终行动。是否破坏民众生活，是需要考虑的主要元素，显然在农歇时间开始行动是最佳方案。

军事行动需辅以针对游击队的猛烈心理攻势。此时的王牌措施是实行大赦。这会造成一定危险，但相比之前，危险性要小很多，因为此时平叛者在所选区域的实力已足够强大，加上民众的支持，几个顽固分子带来的麻烦无足挂齿。

但是，即便经过如此大规模的最终行动，我们也不能乐观地认为这片区域的叛乱已经结束。依然会有一些游击队员幸存下来。马来亚的案例很有意思：在1962年9月，即马来亚叛乱发生14年后，当地的深山老林依然有20—30名游击队员，这还不算在马来亚—泰国边界展开行动的300多人。

如果叛乱失败，这些幸存者可能会投降，也可能为了食物而离开，或者继续顽强抵抗，就算是顽强抵抗，对平叛者来说，他们也无法造成太大问题。

结束语

这就是笔者视角下，平叛战争的基本机制。不管是革命战争的"冷战"还是"热战"，其本质均可简单归结于一句话：自下而上构建（或重建）政治机器。听起来很简单，但实施起来的难度，可以参考下列观察资料，资料是从一个和平且高度发达的国家收集到的：

公众对政治事务的漠视令人沮丧。在大雪纷飞的二月上午，我开始按门铃，第一个受访的家庭坦率地说："我们从未投过票。"在我的选区里有334000名成年人有投票权，但在这些人中，有92000人因嫌麻烦而不登记。在肯尼迪和尼克松的竞选中，在334000名选民里，只有217000人投票。

密歇根大学最近一项研究表明，在100名登记的选民中，只有7人参加各种形式的政治集会，只有4人捐献竞选基金，只有3人担任过候选人，只有2

▲ 全世界游击运动的图腾人物——切·格瓦拉。尽管切·格瓦拉写过《游击战》一书，但古巴革命胜利后，他在非洲及南美开展的游击战均遭到失败

人切身成为政党的工作成员。

统治我们国家的重担落在人数少得令人惊骇的一小部分人肩上。我竞选时，一月又一月，见到的都是同样的人，从未接触过其他人。[①]

拿破仑有句名言："战争是一门简单艺术，唯靠执行。"

读者也许会问，如果平叛者创建的政党，采用了源自叛乱分子的纲领，会发生什么？答案很简单，但那是另一个故事了。正如协约国在 1918 年赢得了"终战之战"后应该如何做，是另一回事。人世间的事情，没有最终的解决方案。专门

---

① 选自詹姆斯·米切纳于 1962 年 9 月 23 日发表在《纽约时代杂志》上的《每位新候选人应了解什么？》。

为平叛而建立的政党，以后可能拥护叛乱分子的风险确实存在，特别是当叛乱的根源是种族或民族差异时，就像近年来伊拉克人与库尔德人的冲突。如果出现这种情况，平叛者赢得的喘息时间本身就有宝贵的价值。他可以寄希望于新党派领导人选取一条和平的途径，而不是发起新的叛乱。他可以让步，实行他之前对产生于暴力和恐怖中，毫不妥协的叛党加以拒绝的改革。事实上，在马来亚，英国人虽然拒绝了革命者，但向其他人妥协了。只要革命前兆存在，即使处在蛰伏期，引起叛乱的问题尚未解决，危险就会存在，并要求平叛者保持一定程度的警惕。

我们是否总是能够平息一场叛乱？这本书会造成一场常见的假象，即这一答案应是肯定。正如人们在军校学习进攻时，得到的印象是，无人能在一场出色的攻势中成功坚守，进攻方仿佛是"不可抗拒的"；当学习防守时，得到的印象则是，无人可突破构建精密的防御——"牢不可破的大军"。

显然，有些时候叛乱是无法战胜的。希腊叛乱自爆发时就已注定失败，但法国在印度支那的平叛行动也是如此。除了这些明显的例子，在近年来的革命战争中，胜负其实存在易主的可能。在战争爆发之前，谁都无法断定卡斯特罗与巴蒂斯塔、法国与 FLN，将鹿死谁手。

马萨诸塞州，剑桥镇

1963 年 10 月

创作团队简介

指文烽火工作室：由众多历史、战史作家组成，从事古今历史、中外战争的研究、写作与翻译工作，致力于通过严谨的考证、精美的图片、优美的文字、独到的视角为读者理清历史的脉络。

朱尔旦：东亚历史爱好者，喜爱中国、韩国、越南、日本的古代历史，热衷于学习和研究日本战国史、壬辰战争史、清代军事史，曾在相关历史期刊上发表过文章。

杨亮：河南安阳人，喜爱文史、地图、漫画等，著有《趣味一战史》《图文第二次世界大战史》《南明悲歌》等。

张宏伟：帝都宅男奶爸一枚，自幼颇爱历史，尤好 19 世纪军事史，在超音速论坛上发表过《普鲁士之鹰复活：罗斯巴赫与洛伊滕战役》《美国—墨西哥战争史》。

《战争事典》小编微信号：zven02

扫描二维码，或搜索"zven02"关注"指文小编-DD"，即可获悉《战争事典》最新动态，更有历史小段子、小知识放送。您还可直接和小编线上交流，不管是讨论选题、投稿，还是咨询进度都可以哒。

·关注有礼，扫码便赠《现代奥运会趣事》《帝国骑士：27 位二战德国最高战功勋章获得者图传》《东南亚空战 1945—1975：详解从肯尼迪到尼克松时代的越南战争》电子读物各一份。

·每个关注小编的 id 可享有一次 5 折购买《战争事典》系列图书的机会（淘宝），不限数量。

英法百年战争 1415—1453

英法两国争夺欧洲大陆霸主的入场券

近400张图片及战时手绘地图，全面展示了百年战争中英王亨利五世、圣女贞德等一批杰出人物的功业与光辉事迹，细致勾勒了法兰西王国新君主体系建立的关键走向与曲折过程！

"战争事典"系列书目参考